Friedrich Dahl

Die Notwendigkeit der Religion

Friedrich Dahl

Die Notwendigkeit der Religion

ISBN/EAN: 9783744668682

Hergestellt in Europa, USA, Kanada, Australien, Japan

Cover: Foto ©Lupo / pixelio.de

Weitere Bücher finden Sie auf **www.hansebooks.com**

Die

Nothwendigkeit der Religion,

eine letzte Consequenz

der Darwinschen Lehre.

———

Gemeinfasslich dargestellt

von

Dr. Friedr. Dahl,

Assistent am zoologischen Institut der Universität Kiel.

Heidelberg.

Verlag von Georg Weiss.

1886.

Inhalts-Uebersicht.

Vorrede.

Die Ansicht, dass die gesammte Pflanzen- und Thierwelt nicht in ihrer jetzigen Form geschaffen sei, sondern sich aus Urorganismen entwickelt habe, ist schon vor Darwin öfter ausgesprochen worden. Aber erst Darwin hat sie wissenschaftlich begründet. Was bis dahin nur Vermuthung war, erlangte durch die Darwin'schen Schriften einen hohen Grad von Wahrscheinlichkeit. Seit jener Zeit ist diese Lehre schnell gleichsam zur Grundlage aller wissenschaftlichen Zoologie und Botanik geworden. Bei jeder Untersuchung drängen sich dem Forscher neue Beweise auf. Kein Wunder also, wenn jetzt nur noch vereinzelte Zoologen und Botaniker existiren, welche nicht der Abstammungslehre huldigen. Freilich hat es zunächst nicht an Gegnern[1]) gefehlt. Aus den meisten Schriften aber ersieht man sofort, dass sie religiösen Bedenken oder sonstiger Voreingenommenheit ihre Entstehung verdanken.

Wie jede neue Lehre anfangs noch unfertig ist, so musste auch die Entwicklungslehre zuerst noch Lücken zeigen, die zu allerlei falschen Schlüssen Anlass geben konnten. Am besten wäre es deshalb gewesen, wenn sie zunächst noch dem Laien unbekannt geblieben wäre, um von der Wissenschaft vollkommen durchgebildet zu werden. Allein eine so interessante Theorie konnte dem gebildeten Publicum kaum verborgen bleiben. Man hätte sie studirt, auch wenn sich nicht verschiedene Forscher gefunden hätten, welche es sich nicht versagen konnten, sie Laien verständlich zu machen. Der gebildete Laie hielt in dieser Frage das Urtheil der Zoologen und Botaniker allein für massgebend, und zwar mit vollem Rechte. Er selbst konnte die Grundsätze der Lehre allerdings verstehen, aber nicht beurtheilen. Die Meisten folgten also der Autorität der Forscher, und nahmen die Lehre als richtig hin; mit ihr jedoch alle noch anhaftenden Mängel.

Durch die Darwin'sche Lehre wurde vieles, was bis dahin

---

[1]) Als gründliche Gegenschrift nenne ich nur: »Wigand, Der Darwinismus, Braunschweig, 1874.

räthselhaft gewesen war, erklärt. Wie nahe lag es da, dass ihre eifrigsten Anhänger sich hinreissen liessen, zu glauben, mit Hülfe derselben alle Geheimnisse der Natur enträthseln zu können. Bisher musste man schon bei der Erklärung der Vollkommenheit in der organischen Welt zu einer übernatürlichen Macht seine Zuflucht nehmen. Jetzt plötzlich war der Schlüssel gegeben, alles auf natürliche Gesetze zurückzuführen. Was lag näher, als dass das Selbstgefühl des Forschers sich anmasste, die gesammten Erscheinungen auf mechanische Gesetze zurückführen zu können, d. h. auch das bisher noch Unerklärte für erklärbar zu halten?

Ein solches Stadium konnte allerdings nicht lange dauern. Bald mussten sorgfältige Forscher und gründliche Denker finden, dass es gewisse Thatsachen gebe, die durch die neue Lehre nicht nur nicht mechanisch erklärt seien, sondern auch niemals unter mechanische Gesetze würden gebracht werden könnten. Seitdem handelt es sich in der Wissenschaft darum, die Grenze des Erklärbaren festzustellen, und diese Aufgabe ist noch keineswegs gelöst. Während z. B. Hartmann[1]) zuviel auf die Seite des Unerklärbaren stellen will, geht Haeckel[2]) und Strauss[3]) im entgegengesetzten Sinne entschieden zu weit. Trotz der vielen Meinungsverschiedenheiten aber glaube ich dem Publicum den jetzigen Stand der Wissenschaft vorführen zu dürfen, weil man sonst glauben könnte, dass der Standpunkt der Haeckel'schen Schöpfungsgeschichte ganz allgemein von den Darwinisten vertreten werde. Ist doch nach dem genannten Haeckel'schen Werke noch keine populäre zoologische Schrift mit der entgegengesetzten Ansicht erschienen. Der Laie ist also noch dem wissenschaftlich wohl als überwunden zu betrachtenden Materialismus preisgegeben. Es ist dies um so schlimmer, da gleichzeitig ein anderes Werk unter dem gebildeten Publicum eine sehr weite Verbreitung gefunden hat, welches, ohne vom darwinistischen Standpunkte auszugehen, zu Resultaten gelangt, die für die Mehrzahl der Leser dieselben zu sein scheinen, indem unsere Religion als überwundener Standpunkt verworfen wird: Ich meine Hartmann's Philosophie des Unbewussten. Der Materialismus und der Pessimismus sind entschieden die hauptsächlichste Veranlassung zu

---

[1]) E. v. Hartmann, Wahrheit und Irrthum im Darwinismus, Berlin, 1876.

[2]) E. Haeckel, Natürliche Schöpfungsgeschichte.

[3]) D. Strauss, Der alte und der neue Glaube.

der weiten Verbreitung so vieler Uebel gewesen, an denen unsere
Zeit krankt. Ich bin natürlich weit davon entfernt, den Verfassern
der obigen Werke irgend einen Vorwurf zu machen. Was ihnen
als feststehende Wahrheit erschien, das durften sie mit gutem Gewissen im Publicum verbreiten. War es eine falsche Richtung, so
musste sie, nach den Gesetzen der Darwin'schen Lehre, von der
Wahrheit wieder verdrängt werden.

Ein grosser Fehler, den die meisten Darwinisten begehen, besteht darin, dass sie die Lehre nicht consequent durchführen, und
dass sie sie namentlich auf den Menschen nicht in ihrem ganzen
Umfange anwenden zu können glauben. Manche sagen geradezu,
dass der civilisirte Mensch ihren Gesetzen entwachsen sei. Sie
denken nicht daran, dass es doch im höchsten Grade inconsequent
ist, wenn sie den Menschen, der nach ihrer Ansicht ein Product der
Entwicklungsgesetze ist, dennoch theilweise über die Gesetze stellen
wollen. Wer hat ihn denn darüber erhoben? Vielleicht eine höhere
Macht? Davon wollen sie erst recht nichts wissen. Besonders die
Religion wird als ein eigenes Machwerk der Menschen hingestellt
und muss infolge dessen nach ihrer Ansicht als unnütz wieder entfernt werden. Sie denken nicht daran, dass die Religion nach denselben festen Naturgesetzen entstanden sein muss, wie beispielsweise
die Mechanik ihrer Hand. Und dennoch würde es Keinem von
ihnen einfallen, seine Hand abzuhauen. Wissen sie doch, dass das
nicht nur mit grossen Schmerzen verbunden ist, sondern auch die
fernere Existenz in Frage stellt. — Sollte es denn mit der Entfernung der Religion anders sein?

Man könnte mir einwenden, dass die Religion etwas Geistiges
sei und sich deshalb nicht mit Theilen des Körpers vergleichen
lasse. Nun gut, so vergleichen wir sie mit etwas Geistigem, z. B. mit
dem Instinct einer Spinne. Würde die Spinne plötzlich den Instinct,
ein Fangnetz zu spinnen, verlieren, so müsste sie zu Grunde gehen.

Zum Glück ist nun der Mensch garnicht dazu im Stande, die
Religion abzuschütteln. Bei der ersten besten Gelegenheit, die ihre
Anwendung erfordert, bricht sie sich sofort wieder Bahn. Man
könnte sie also treffender mit dem Arm eines Seesterns oder dem
Fuss eines Krebses vergleichen, da auch diese immer wieder nach-
wachsen, wenn man sie vom Körper entfernt hat.

In dem vorliegenden Schriftchen werde ich dem Leser zeigen,
wie die Religion nothwendig entstehen musste, vorausgesetzt, dass

1*

die Darwin'sche Lehre richtig ist. Nachdem man dies eingesehen
hat, wird man auch ihren Werth für den Menschen erkennen. Zunächst aber werde ich in kurzen Zügen die ganze Abstammungslehre
dem Leser klar zu machen suchen. Indem ich nur gerade soviele
Beispiele wähle, als zum leichten Verständniss der Gesetze nöthig
sind, werde ich ihm die ganze Theorie auf wenig Seiten vorführen
können. Irgend Jemanden von der Richtigkeit derselben zu überzeugen, daran denke ich natürlich nicht. Wer sich überzeugen will,
der muss eben Zoologie studiren und selbst forschen. Uebrigens
muss ich auch denjenigen Leser, der die Theorie bereits kennt,
bitten, den ersten Abschnitt zu lesen, da ich einerseits versucht
habe, Missverständnissen, wie sie bisher häufig vorgekommen sind,
vorzubeugen, und andererseits einige neue Gesichtspunkte zu er-
gänzen, die für das Verständniss meiner Folgerungen von Bedeutung
sind. Die Randanmerkungen sind nur für denjenigen bestimmt, der
sich eingehender mit dem Gegenstande beschäftigt oder beschäftigen
will. Sie betreffen namentlich solche Punkte, in denen die Ansichten
der Forscher noch von einander abweichen.

Ich nenne die Darwin'sche Lehre eine Theorie, und eine
solche ist es in der That und wird es stets bleiben. Allein man
kann sie schon vollkommen auf eine gleiche Stufe stellen wie unsere
Ansicht über die Bewegung des Mondes und der Erde. Auch diese
wird im Grunde genommen eine Theorie bleiben, da Keiner sich
von der Erde entfernen kann, um die Weltkörper um einander
kreisen zu sehen. Einen Entwicklungsgang von Organismen wird
eben Keiner je erleben. Wie aber von den Astronomen die genannte Theorie als absolute Gewissheit betrachtet wird, weil alle
Erscheinungen bis in's Kleinste mit ihr übereinstimmen, so fängt
auch die Darwin'sche Theorie schon an, für den Forscher gleichsam Gewissheit zu sein.

Dies ist meine specielle Ansicht über die Darwin'sche Theorie.
Ich wiederhole aber, dass ich weit davon entfernt bin, dem Leser
meine Ansicht aufzudrängen. Ich verdenke es ihm durchaus nicht,
wenn er die Lehre für falsch hält. Allein auch dann, wenn er eine
abweichende Ansicht hat, dürfte es für ihn von Interesse sein, sich
zu überzeugen, dass diese Theorie bei consequenter Durchführung
zu Resultaten führt, an die man zunächst gar nicht denkt, und die
mit ihr in offenbarem Widerspruch zu stehen scheinen.

I. Die Darwin'sche Lehre.[1])

Darwin behauptet, dass sämmtliche Pflanzen und Thiere aus einem oder einigen wenigen Urorganismen hervorgegangen seien, einerseits durch Spaltung der Arten in eine immer grössere Zahl neuer Arten und andererseits durch Weiterentwicklung oder Vervollkommnung. Seine Lehre steht also einer zweiten möglichen Annahme gegenüber, nach welcher sämmtliche Arten, so wie wir sie jetzt vor uns haben, erschaffen worden sind. Die letztere, früher fast allgemein anerkannte Ansicht erklärt uns vollkommen die überall in der Natur zu beobachtende Zweckmässigkeit. Wir brauchen den Schöpfer nur als allweise und allmächtig vorauszusetzen, und die Zweckmässigkeit ist selbstverständlich. Wir wollen zunächst sehen, ob es Thatsachen giebt, die uns nöthigen, von der letzteren Ansicht, die immerhin die einfachere ist, abzugehen, und erst dann wollen wir die erstere auf ihre Brauchbarkeit prüfen.

1. Die rudimentären Organe.

Trotz der allgemein zu beobachtenden Zweckmässigkeit mussten einem sorgfältigen Naturbeobachter sehr bald Thatsachen aufstossen, die mit ihr vollkommen unvereinbar waren. Als Beispiel wähle ich einen grossen Laufkäfer (*Procrustes coriaceus L.*). Derselbe geht besonders am Abend auf Raub aus und nährt sich von Schnecken, Raupen und andern kleinen Thieren. Am Tage dagegen hält er sich gewöhnlich verborgen unter Steinen und Laub. Er unterscheidet sich von den meisten andern Käfern dadurch, dass er keine ausgebildeten Hinterflügel besitzt, sondern an deren Einlenkungsstelle

---

[1]) Als umfassende Hauptwerke nenne ich nur: C. Darwin, Ueber die Entstehung der Arten und E. Haeckel, Generelle Morphologie. Ein sehr vollkommenes Verzeichniss der ganzen Literatur über Darwinismus findet man in: G. Seidlitz, Die Darwin'sche Theorie.

kleine, kaum wahrnehmbare Läppchen. In diesen unscheinbaren
Läppchen erkennt man bei einiger Vergrösserung allerdings Adern,
ja, die Adern haben sogar denselben Verlauf· wie in den ausgebildeten Hinterflügeln ähnlicher Käfer. Die Vorderflügel, die bei
allen Käfern feste Decken sind und nicht zum Fliegen, sondern
zum Schutze dienen, sind auch bei unserm Laufkäfer vollkommen
ausgebildet. Längs der Mitte des Rückens verläuft, wie bei andern,
die Naht, in welcher die beiden Decken zusammenstossen. Allein
die Decken können hier nicht ausgebreitet werden, wie es sonst
beim Fliegen nöthig ist; sie sind vielmehr an der Naht der Länge
nach unbeweglich zusammengewachsen. Dass der Käfer keine Flügel
besitzt, kann uns nicht verwundern. Er würde sie bei seiner Lebensweise niemals gebrauchen; sie würden also eine vollkommen unnütze
Last für ihn sein. Wozu aber an jener Stelle, wo andere Käfer
ihre Flügel haben, die kleinen Läppchen? Vielleicht dienen sie
irgendwie zum Bedecken empfindlicher Theile, könnte man allenfalls
antworten. Wozu aber dann die Adern, die sonst die ausgebreiteten
Flügel spannen? Aber noch weiter. Dass der Käfer feste Flügeldecken besitzt, wie alle andern, ist entschieden sehr zweckmässig.
Sie gewähren ihm einen bedeutenden Schutz gegen seine Feinde.
Dass die Decken hier, wo sie nicht ausgebreitet zu werden brauchen,
mit einander verwachsen sind, muss man ebenfalls als äusserst zweckmässig bezeichnen. Sie gewinnen durch ihre Verwachsung nur noch
an Festigkeit. Wozu aber die Naht? Sucht man die Flügeldecken
zu zerbrechen, so brechen sie zunächst an der Naht auseinander.
Sie würden also entschieden einen noch bessern Schutz gewähren,
wenn die Naht überhaupt nicht vorhanden wäre. Weshalb traf der
Schöpfer diese mangelhaften Einrichtungen? Fiel es' ihm nicht ein,
derartige unnütze oder sogar nachtheilige Sachen vollkommen fort-
zulassen, oder machte er sich einen Scherz daraus, den Menschen
einige unlösbare Räthsel vorzulegen? Beide Annahmen dürften entschieden eines allweisen Schöpfers unwürdig sein. Ist es dagegen
wissenschaftlich gestattet, die Ansicht einer gemeinschaftlichen Ab-
stammung anzunehmen, so erklärt es sich sehr leicht, weshalb ein
Thier die Merkmale seiner Verwandten trägt, selbst wenn ihm diese
nicht mehr nützen. Es ist schon jetzt einleuchtend, obgleich wir
die näheren Gesetze noch nicht kennen, dass so etwas nicht plötzlich
verloren gehen kann, sondern erst in langer Zeit.

Ich wähle noch ein zweites Beispiel aus der Gruppe der so-

genannten rudimentären Organe, welches uns auf einen andern Punkt
unserer Betrachtung überführen wird.

Das Bein des Pferdes (Fig. 1 *d*) besteht aus einer einzigen
Reihe starker Knochen, die durch Gelenke mit einander verbunden
sind. Das Endglied ist das stärkste, es trägt den aus Hornsubstanz
bestehenden Huf. Das viertletzte Glied zeichnet sich durch eine bedeutendere Länge aus. An der Hinterseite dieses längeren Knochens
liegt nach aussen und innen ein eigenthümlicher Knochenstab (in
der Figur nicht sichtbar), der oben ziemlich dick ist, nach dem

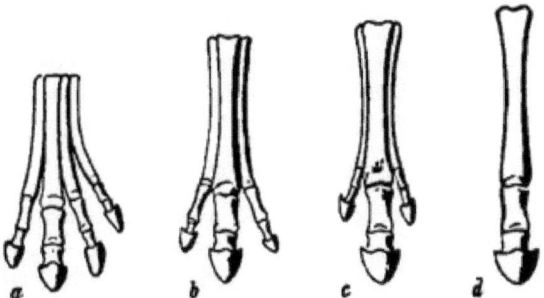

Fig. 1. *a* Fuss vom Orohippus, *b* Fuss vom Anchitherium, *c* Fuss vom
Hipparion, *d* Fuss vom Pferde. (Aus Claus, Zoologie.)

Ende hin aber kaum die Stärke eines Federkieles besitzt. Die Frage
ist: Wozu dienen diese dünnen Knochenstäbe? Die Skelete einiger
ausgestorbener Thiere, die von Marsh in Amerika aufgefunden
wurden, liefern uns nun sofort den Schlüssel zur Erklärung dieser
seltsamen Bildungen. Das sogenannte Hipparion (Fig. 1 *c*) besitzt
genau an der Stelle der beiden Knochenstäbe zwei kleine Zehe, die
aber weit kürzer sind als der starke mittlere Zeh und entschieden
den Boden nicht mehr berührten. (Aehnliche Zehe besitzt auch das
Schwein, nur sind bei diesem zwei Hauptzehe vorhanden.) Der
Fuss vom Anchitherium (Fig. 1 *b*), das aus einer noch älteren Erd-
schicht stammt als das Hipparion, besitzt dieselben beiden Neben-
zehe. Sie sind hier aber schon bedeutend länger. Der Orohippus
schliesslich (Fig. 1 *a*), aus einer noch älteren Schicht, besitzt sogar
vier Hufe, die in Grösse nicht allzustark von einander abweichen.
Jetzt wird uns klar, dass unser Pferd auf einem einzigen, stark entwickelten Mittelzeh läuft, und wir müssen in der That zugeben, dass
ein so schlanker Fuss sich ganz vorzüglich zum schnellen Laufe eignet.

Was wir bei dem Käfer in verwandten Arten nebeneinander fanden, dasselbe haben wir hier aus verschiedenen Erdperioden vor uns. Da nun Thiere wie das Hipparion etc. jetzt nicht mehr existiren, und da unser Pferd neben ihnen noch nicht vorkam, so werden wir unmittelbar darauf geführt, dass jene Thiere die Vorfahren unseres Pferdes sind.

Auch beim Menschen finden wir eine Reihe nutzloser, verkümmerter Organe. Als Beispiel nenne ich nur die feinen Härchen, die den ganzen Körper überziehen. Sie entsprechen genau den Haaren der Thiere. Allein einen Schutz gewähren sie hier offenbar nicht mehr. Sie dürften also kaum etwas anderes sein als Ueberbleibsel einer wärmenden Haardecke. — Wie wir uns ihr Rudimentärwerden zu erklären haben, darauf werden wir noch zurückkommen.

2. Die Organismen der Vorwelt.

Dass die Erdoberfläche nicht von jeher so beschaffen war wie jetzt, dass namentlich Wasser und Land zeitweise ganz anders vertheilt waren wie heute, davon kann sich jeder leicht überzeugen. Fast in jedem Lande hat man weit von den jetzigen Gewässern entfernt Ablagerungen, die offenbar durch die Wellen eines Meeres oder die Strömung eines grösseren Flusses hervorgebracht sind. Unzählige dünnere und dickere Schichten von feinem oder grobem Sande, kleineren oder grösseren Steinchen wechseln mit einander ab, genau ebenso wie wir es noch heute am Ufer des Meeres beobachten können. Die Steinchen, die wir in den Schichten finden, sind vollkommen gerundet, ebenso wie noch heute alle Steinchen am Meeresufer durch das fortdauernde Hin- und Herrollen in den Wellen oder durch die Strömung der Flüsse geglättet werden. Wir haben es also offenbar mit dem Ufer eines früheren Meeres oder grösseren Flusses zu thun. Wer sich überzeugen will, braucht sich nur bei den Landleuten nach Sand- und Kiesgruben zu erkundigen; meistens werden nämlich die Massen zum Wegausbessern etc. benutzt. Auch die Lehm- und Mergelmassen, die überall verbreitet sind, sind meist deutlich geschichtet und deuten dann in jeder Weise darauf hin, dass sie Ablagerungen von Gewässern sind. Sie sind in grösseren Tiefen entstanden ebenso wie auch noch jetzt ähnliche Massen in grösseren Tiefen sich ansammeln. Selbst die Gesteinsmassen mancher Berge von vielen Hundert Metern Höhe bestehen aus Ablagerungen früherer Meere. Mögen sie nun aus Kalk-, Sand- oder Thonsteinen oder aus Conglomeraten grösserer und kleinerer gerundeter Steinchen bestehen, sie sind immer mehr oder weniger geschichtet und enthalten Versteinerungen von Muscheln, Schnecken und anderen Meeresthieren. Sie sind ältere Bildungen und unterscheiden sich von den jüngeren Ablagerungen schon durch ihre bedeutendere Festigkeit. Nicht nur durch das Wirken des Wassers sondern auch durch üppiges Pflanzenwachsthum kamen Ablagerungen zu Stande. Einen solchen Vorgang haben wir besonders in Torfmooren noch heute vor uns. Die mächtigen Lager von Kohlen beweisen uns durch die Pflanzenreste, die in ihnen erhalten sind, dass sie einem ähnlichen Vorgange ihren Ursprung verdanken.

Die Ablagerungen haben allmählich in einer sehr langen Zeit stattgefunden; die älteren werden deshalb immer von den nächst jüngeren verdeckt. Nach Massgabe dieser Schichten unterscheidet man verschiedene Entwicklungsperioden der Erdoberfläche, und zwar zählt man deren etwa 12. Es giebt allerdings keinen Punkt der Erde, wo man die Ablagerungen aller Perioden über einander finden könnte. Da sie sich nur an günstigen Stellen vollzogen, namentlich im Meer oder in Sümpfen und da jeder Ort zeitweise trocken gelegen hat; da ausserdem bedeutende Complexe später durch die Wellen eines Meeres oder durch fliessendes Wasser wieder zerstört wurden, so ist es klar, dass sie in ihrer jetzigen Gestalt keineswegs regelmässig einander überlagern können. Trotzdem finden sich immer einzelne Orte, wo die Ablagerungen zweier auf einander folgender Perioden sich noch ungestört über einander befinden und diese gestatten dann einen Schluss auf das relative Alter der beiden Formationen.

Die 12 Formationen hat man einerseits in 4 Gruppen oder Zeitalter vereinigt und andererseits hat man die meisten von ihnen in zwei oder mehrere Unterabtheilungen zerlegt. Folgendes Schema mag ein Bild ihrer Anordnung geben.

A. Azoisches Zeitalter.	I. Laurentische oder Urgneissformation. II. Huronische oder Urschieferformation.	
B. Paläozoisches Zeitalter.	III. Cambrische Formation.	
	IV. Silurformation.	Untersilur. Obersilur.
	V. Devonformation.	Unterdevon. Mitteldevon. Oberdevon.

B. Paläozoisches Zeitalter.	VI. Steinkohlenformation.	Culm.
		Productive Steinkohle.
	VII. Dyasformation.	Rothliegendes.
		Zechstein.
C. Mesozoisches Zeitalter.	VIII. Triasformation.	Buntsandstein.
		Muschelkalk.
		Keuper.
	IX. Juraformation.	Lias.
		Brauner Jura (Dogger).
		Weisser Jura (Malm).
	X. Kreideformation.	Neocom (Hils, Wealden).
		Gault.
		Cenoman (Unterquader).
		Turon (Mittelquader).
		Senon (Oberquader).
D. Känozoisches Zeitalter.	XI. Tertiärformation.	Eocän.
		Oligocän.
		Miocän.
		Pliocän.
	XII. Quartärformation.	Diluvium.
		Alluvium.

Die Zeitdauer der Formationen hat man annähernd zu bestimmen gesucht, indem man ihre Mächtigkeit mit den Ablagerungen der jetzigen Meere verglichen hat. Man ist dabei zu dem Resultat gelangt, dass die geologischen Zeiträume ganz unendlich gross gewesen sein müssen, so dass die historische Zeit im Vergleich mit der Dauer einer Formation vollkommen verschwindet.

Die Abgrenzung der Formationen hat man weniger nach der Beschaffenheit der Gesteine als nach den darin vorkommenden Versteinerungen vorgenommen. Jede Formation enthält nämlich ihre charakteristische Thier- und Pflanzenwelt. Thiere, die in einer Formation sehr häufig vorkommen, sind in der nächsten spurlos verschwunden und haben andern, verwandten Arten Platz gemacht. Die Organismen sind für ihre Formation so bezeichnend, dass man aus einzelnen Versteinerungen einer gefundenen Masse erkennen kann, welcher Formation sie angehört. (Man nennt die häufigsten und charakteristischsten Formen Leitfossilien.) Die Organismenwelt der einzelnen Formationen ist nicht nur verschieden, sondern sie zeigt auch von unten bis oben ein allmähliches Aufsteigen zu immer höheren Formen.

In den beiden ältesten Formationen hat man mit Sicherheit

noch keine Organismen nachgewiesen; dagegen kommt Graphit häufig
vor. Der Graphit ist Kohlenstoff, und da alle Organismen aus
Kohlenstoffverbindungen zusammengesetzt sind, so scheint der Graphit
auf Organismen hinzudeuten. Vielleicht gab es Pflanzen und Thiere,
die aber nicht so weit organisirt waren, dass von ihnen Reste erhalten blieben. In der cambrischen Formation treten zuerst Algen
und Röhren von Würmern, also niedere Pflanzen und Thiere auf.
Im Silur zeigen sich ausser diesen noch Korallen, Schalthiere und
eine niedere Form von Krebsen (Trilobiten). Im Devon treten die
ersten Wirbelthiere, die Fische auf. In der Steinkohlenformation
finden wir die ersten Landbewohner, Spinnen, Insekten und Amphibien
(Labyrinthodonten). In der Dyasformation treten Reptilien (The-
codonten) auf. Erst im Jura treffen wir Vögel und Säugethiere
und zwar gehören die Säugethiere der niedrigsten Gruppe, der Ord-
nung der Beutelthiere an; und auch die Vögel bilden eigenthümliche
Mittelformen zwischen Reptil und Vogel. Während man den Ptero-
daktylus eine Flugeidechse nennen muss, kann man den Archäo-
pteryx als einen eidechsenartigen Vogel bezeichnen. Höhere Säugethiere und Vögel finden wir erst in der Tertiärformation.

Man hat versucht, diese Thatsachen mit der biblischen Schöpfungsgeschichte in Einklang zu bringen und gesagt, die Tage der Schöpfung
seien bildlich zu verstehen und bedeuteten Erdperioden. Es stimmt
aber einerseits die Zahl keineswegs überein. Andererseits bestehen
die einzelnen Formationen aus Abtheilungen, die auch wieder durch
ihre Organismen verschieden sind. Die Verschiedenheit der Abtheilungen einer Formation ist oft sogar grösser als die der be-
nachbarten Abtheilungen zweier, auf einander folgender Formationen.
Thiere, die in einer gewissen Formation zum ersten Male auftreten,
findet man in einzelnen Exemplaren oft schon in der obersten Ab-
theilung der vorhergehenden Formation. Ueberhaupt zeigt sich
beim Fortschritt unserer Kenntnisse auf diesem Gebiete immer
deutlicher ein allmählicher Uebergang. Vollkommen gegen
die obige Annahme spricht schliesslich noch die Thatsache, dass die
Organismen, die in früheren Formationen vorkommen, jetzt sämmtlich nicht mehr existiren. Sie sind vielmehr häufig deutliche
Mittelformen zwischen jetzt lebenden Organismen. Man müsste
also eine zweite Annahme mit der obigen verbinden und sagen:
Gott hat jedesmal die Organismen der vorhergehenden Periode wieder
zerstört, und das ist in der Bibel doch auch bildlich nicht angedeutet.

Von der Schöpfungsgeschichte der Bibel also muss der Forscher entschieden abweichen. Wer wird denn glauben, dass Gott immer und immer wieder sein Werk zerstört habe, weil es ihm nicht gefiel, und dass er erst nach vielen vergeblichen Versuchen das Rechte getroffen habe? Eine solche Annahme dürfte doch eines allweisen Schöpfers unwürdig sein. Unsere Theorie dagegen, nach welcher sich alle Organismen aus Urformen entwickelt haben, eine Theorie, deren Möglichkeit wir vorerst noch dahingestellt sein lassen müssen, entspricht vollkommen den angeführten Thatsachen. Es ist nicht nur der Anfang mit den einfachsten Organismen und ein Aufsteigen zu immer höheren Formen, sondern auch der ganz allmähliche Uebergang der Formationen in einander eine nothwendige Folgerung derselben.

Nachdem wir die Gesetze der Entwicklung kennen geiernt haben werden, wird uns ausserdem klar sein, dass bei der Weiterentwickelung alle Formen sich verändern müssen, dass genau genommen keine unverändert fortexistiren kann, eine Thatsache, die mit der Verschiedenheit der Organismen in den einzelnen Formationen vollkommen im Einklang steht.

3. Uebereinstimmung verwandter Thiere in Bau und Entwicklung.

Thatsachen, wie wir sie im letzten Kapitel kennen gelernt haben, die in keiner Weise mit der hergebrachten Anschauung in Einklang zu bringen waren, mussten den Forscher erst darauf leiten, vorurtheilsfrei über alle gegebenen Erscheinungen nachzudenken. Nachdem durch sie das Vorurtheil gebrochen war, ergaben sich eine Menge von weitern Thatsachen, die man unwillkürlich im gleichen Sinne deuten muss, wenn man ohne jegliche vorgefasste Meinung an sie herantritt.

Vergleicht man, wie unsere frühesten Vorfahren, die höheren Thiere z. B. die Säugethiere nur äusserlich mit einander, dann ergiebt sich allerdings unter den einzelnen Formen, namentlich zwischen Mensch und Thier, ein so bedeutender Unterschied, dass man so leicht nicht auf den Gedanken einer Blutsverwandtschaft kommt. Bei der Vergleichung des Menschen kommt ausserdem die unendlich viel weiter vorgeschrittene geistige Entwicklung hinzu, die vor Allem eine solche Ansicht kaum aufkommen lassen konnte. Dringen wir aber einmal etwas tiefer in den inneren Bau ein, so finden wir eine merkwürdig genaue, allgemeine Uebereinstimmung, die sich bis ins Einzelne hinein verfolgen lässt. Als Beispiel führe ich dem Leser das Skelet eines Menschen (Fig. 2) neben dem eines menschenähnlichen Affen, des Gorilla (Fig. 3) vor. Die allgemeine Form weicht allerdings, dem äussern Bau entsprechend, sehr erheblich ab. Der Affe ist weit kürzer und gedrungener gebaut, die Arme sind länger, die Füsse sind wie die Hände Greiforgane, der Mund steht bedeutend weiter vor. Um so mehr aber muss es uns wundern, wenn wir überall genau dieselbe Zahl der Knochen antreffen, nur von entsprechend anderer Form. Im Fuss sind wie beim Menschen die Fusswurzelknochen (A) vorhanden; sie sind beim Affen nur mehr zusammengedrängt. Hinter ihnen liegt das Fersenbein (C). Die Zehe bestehen wie beim Menschen alle aus vier Gliedern mit alleiniger Ausnahme des grossen Zehs, der wie dort nur drei Glieder hat. Der Unterschenkel besteht aus dem dickeren Schienbein (T) und dem dünneren Wadenbein (F). Der Oberschenkel besteht aus einem Knochen, vor dessen Ende sich die Kniescheibe (Pa) befindet. Das Schambein (P) und Sitzbein (Js) sind beim Affen wie beim Menschen zu einem Ring verbunden und stossen an der Einlenkungsstelle des Schenkels mit dem breiteren Hüftbein (Jl) zusammen. Eine noch genauere Uebereinstimmung findet man im Arm wieder. Das Schlüsselbein (Cl) verbindet hier wie dort einen Fortsatz des Schulterblattes mit dem Brustbein (St). Sogar die Zahl der Rippen weicht bei vielen Affen nicht von der des Menschen ab. Der Gorilla hat allerdings in der Regel 13 Rippen und der Mensch 12 wie es die Zeichnungen zeigen. Allein es giebt viele Menschen, die entweder 13 oder auch nur 11 besitzen. Die Zahl ist eben nicht ganz constant. Stimmt die Zahl der Knochen nicht genau überein, so braucht man in vielen Fällen nur das Skelet junger Thiere zu vergleichen. Man findet dann, dass im spätern Alter Knochen mit einander verwachsen, die ursprünglich getrennt sind. Es gilt dies z. B. von einigen Hand- und Fusswurzelknochen, dem Brustbein und besonders vom Schädel. Der Schädel eines jungen Affen zeigt nicht allein dieselben Nähte, sondern sogar einen vollkommen identischen Verlauf derselben.

Was vom Skelet gesagt ist, das gilt natürlich genau ebenso für alle andern Körpertheile: für das Muskelsystem, das Verdauungssystem, das Blutgefässsystem, die Athmungsorgane, ja sogar für das Nervensystem. Das Gehirn des Menschen unterscheidet sich von

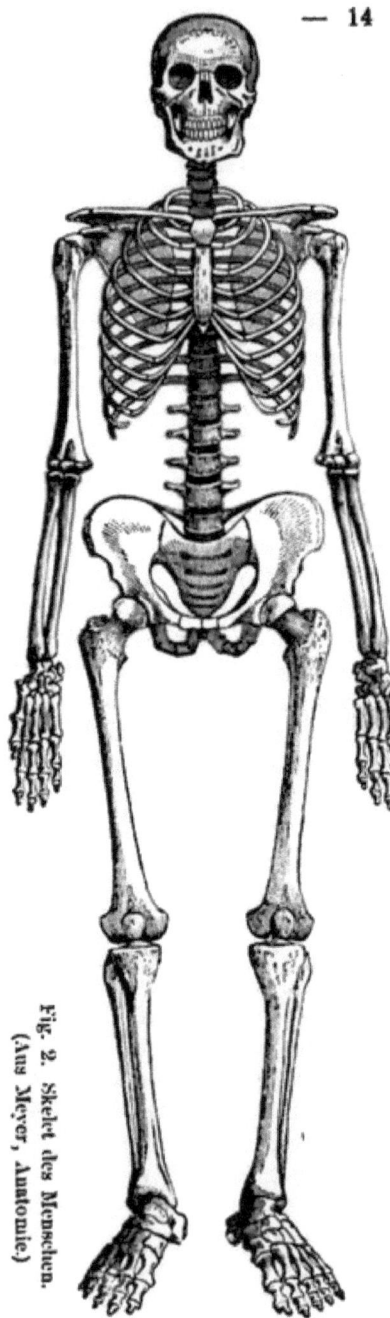

Fig. 2. Skelet des Menschen.
(Aus Meyer, Anatomie.)

dem des Affen nur durch seinen vollkommeneren und complicirteren Bau, und darin hat die geistige · Ueberlegenheit ihre Grundlage. Die einzelnen Theile entsprechen einander vollkommen.

Nehmen wir das Mikroskop zu Hülfe, so finden wir auch im feineren Bau eine vollkommene Uebereinstimmung. Die Organe sind beim Menschen und Affen nicht nur in gleicher Weise aus Elementarbestandtheilen, den Zellen aufgebaut, sondern die Zellen haben sogar in den entsprechenden Geweben genau dieselbe Beschaffenheit, so dass man sie in vielen Fällen nicht von einander unterscheiden könnte.

Die vollständige Uebereinstimmung, die im Bau verwandter und in einem gewissen Grade aller Thiere, ja sogar aller Organismen zu Tage tritt, deutet, wie ich schon erwähnte, bei vorurtheilsfreier Betrachtung auf eine wirkliche Verwandschaft hin. Man kann allerdings einwenden: da alle Thiere mit dem Menschen denselben Himmelskörper bewohnen, da sie dieselbe Luft athmen, von denselben Organismen sich nähren müssen, kurz da für alle die äussern Verhältnisse dieselben sind, so

wird auch wohl für alle derselbe allgemeine Bau am vortheilhaftesten sein. Der Schöpfer
wählte also für den Menschen
sowohl wie für die Thiere den
geeignetsten Bau. Allein die
Uebereinstimmung brauchte
sich nicht auf theilweise entschieden nebensächliche Dinge
zu erstrecken. Namentlich für
den Menschen, den der Schöpfer
vor allen andern lebenden
Wesen auszeichnen wollte,
hätte er doch wohl einen ab-
weichenden, ebenso geeigne-
ten Bau finden können. Er
hätte ihm z. B. unbeschadet
einige Rippen mehr oder weniger oder ein Fingerglied mehr
geben können und ihn nicht
so vollkommen nach dem Bilde
des Affen zu schaffen brauchen.

Vollkommen unerklärlich ist
nun gar die Erscheinung, dass
Knochen, die ursprünglich getrennt sind, bei einigen Thieren
später mit einander verwachsen,
während sie bei verwandten
Thieren Zeit Lebens getrennt
bleiben. Die Verwachsungen
lassen sich, wie die rudimentären Organe, wohl kaum anders
erklären als durch die Annahme einer wirklichen Verwandtschaft.

Es ist ein von Zoologen
allgemein anerkannter Satz,
dass die Verwandtschaft zweier
Thiere in der Jugend am

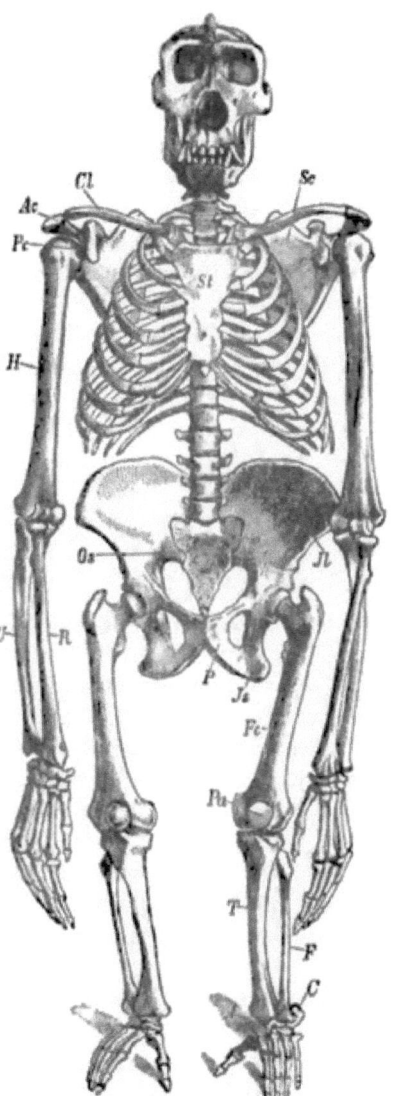

Fig. 3. Skelet des Gorilla. (Aus Claus,
Zoologie).

deutlichsten hervortritt. Erst später, wenn der Körper den äussern Einflüssen ausgesetzt ist, braucht sich der der speciellen Lebensweise entsprechende Bau zu entwickeln. Noch auffallender als in der Jugend zeigt sich die Aehnlichkeit verwandter Thiere vor der Geburt. Will man wissenscnaftlich feststellen, ob zwei Organe verschiedener Thiere einander entsprechen, so pflegt man heutzutage allgemein ihre Entwicklung zu verfolgen. Während des embryonalen Lebens durchläuft ein Thier kurz und in allgemeinen Umrissen den Entwicklungsgang seiner Vorfahren. (Haeckels biogenetisches Grundgesetz). Alle Fische haben anfangs eine ungleich getheilte Schwanzflosse wie der Haifisch. Die Versteinerungen aus früheren Formationen (Fig. 4) beweisen in Uebereinstimmung damit, dass die ältesten Fische sämmtlich diese Eigenschaft zeigten. Es möge hier nur

Fig. 4. Palaeoniscus aus der Dyas-Formation. (Aus Credner, Geologie.)

noch ein vielgenanntes Beispiel vom Menschen Erwähnung finden. Auf einer gewissen Entwicklungsstufe hat der menschliche Embryo am untern Ende des Rumpfes eine schwanzartige Hervorragung, die ebenso lang ist wie der Schwanz des Hundes auf derselben Entwicklungsstufe (Fig. 5). Dass dieselbe wirklich dem Schwanze der Thiere entspricht, ist durch die Beobachtung einer Verwachsung von Knochen im höchsten Grade wahrscheinlich geworden. Es existiren nämlich nach neueren Untersuchungen[1]) eine Zeit lang 7 Steissbeinwirbel, die später zu den 4 bleibenden Wirbeln zusammenwachsen.

Alle derartigen Thatsachen würden nach der früheren Annahme vollkommen unerklärlich sein.

Die häufig vorkommende Erscheinung von sogenannten Rückschlägen oder Atavismus d. h. das Auftreten von Eigenthümlich-

---

[1]) H. Fol, in: Archives des sciences physiques et naturelles. Juli-Heft 1885.

keiten im Bau eines Organes, die für mehr oder weniger nahe verwandte Arten charakteristisch sind, bleibt nach der alten Ansicht
ebenso räthselhaft. Nach der Descendenztheorie dagegen ergiebt
sich die Erklärung sehr einfach. Man kann es dann als ein Stehen-

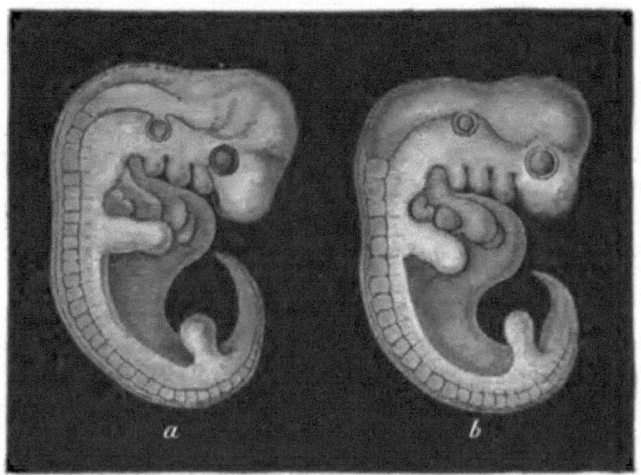

Fig. 5. *a* Vierwöchentlicher Embryo eines Hundes, *b* gleichalteriger
Embryo vom Menschen (Aus Jäger, l. c.)

bleiben des Organes auf einer gewissen Stufe der embryonalen Entwicklung betrachten. Wir wählen wieder eine dem obigen Beispiel
entsprechende Thatsache. Es ragen zuweilen auch beim erwachsenen
Menschen die Steissbeinwirbel noch schwanzartig vor.[1]

4. Die künstliche Zuchtwahl.[2]

Zu den Schlüssen, die wir bisher aus den Thatsachen gezogen
haben, waren schon verschiedene Forscher vor Darwin gelangt. Wie
sehr aber auch alle Erscheinungen für die Annahme einer Entwicklung der Organismen zu sprechen schienen, so lange nicht nachgewiesen war, dass eine solche Entwicklung unter der Wirkung
wirklich vorhandener Naturgesetze möglich ist, so lange blieb es

[1] Seidlitz, l. c. p. 258.
[2] C. Darwin, Das Variiren der Thiere und Pflanzen im Zustande
der Domestication. Deutsch. Stuttgart, 1868.

eben eine Vermuthung, eine Hypothese. Erst Darwin hat diesen
Nachweis geliefert. Er hat gezeigt, dass sich nothwendig in sehr
langer Zeit eine so vollkommene Thier- und Pflanzenwelt, wie wir
sie jetzt vor uns haben, entwickeln musste, sobald wir einfache
Urorganismen als vorhanden voraussetzen und auf sie die jetzt noch
wirkenden Naturgesetze einwirken lassen.

Die allgemeinen Gesetze, deren Darwin für seine Theorie be-
durfte, waren als solche vor ihm ebenfalls keineswegs unbekannt.
Es ist einerseits das Gesetz der Vererbung und andererseits das
Gesetz der Veränderlichkeit. Die beiden Gesetze gelten für Pflanzen
sowohl als für Thiere und auch für den Menschen. Auf den ersten
Blick scheinen sie allerdings einander zu widersprechen. Eine kurze
Ueberlegung aber wird uns zeigen, dass sie stets nebeneinander zur
Wirkung kommen können.

Das Gesetz der Vererbung gilt für den Menschen so allgemein,
dass ich es nur anzudeuten brauche: Haben die Eltern braune
Augen und dunkles Haar, so finden wir dasselbe bei den Kindern.
Sind die Eltern dagegen blond, so besitzen auch die Kinder blondes
Haar etc. Diese Regel gilt aber immer nur in einem gewissen
Grade. Geben wir genauer Acht, so finden wir sehr oft Abweichungen, die noch recht wohl merklich sind. Wenn das Haar
des Vaters und der Mutter genau dieselbe Nuance der blonden
Farbe zeigt, so werden wir bei genauer Vergleichung der Haarfarbe
der Kinder finden, dass sie gewöhnlich nicht vollkommen übereinstimmt. Sie ist vielmehr, auch abgesehen von vereinzelt vorkommenden grösseren Abweichungen, bei einigen um ein Minimum
dunkler, bei andern um ein Geringes heller und stimmt nur bei
einem Theil vollkommen überein, d. h. bei den letzteren auch
nur insoweit, als die Genauigkeit unserer Beobachtung reicht.

Eine recht genaue Vergleichung gestatten uns die Blüthen gewisser Pflanzen. Zählt man z. B. die weissen Strahlenblüthen des
Marienblümchens (*Bellis perennis L.*), so wird man bei manchen
einige Strahlen mehr finden als bei andern. Sammelt man nun
den Samen von den ersteren und säet ihn, so werden vermöge des
Gesetzes der Vererbung die Blüthen der daraus hervorgehenden
Pflanzen im Durchschnitt eine etwas höhere Zahl von Strahlenblüthen zeigen. Manche werden allerdings auch wieder die geringere
Anzahl besitzen, dagegen werden andere sogar die Zahl derjenigen
übertreffen, von denen der Same zur Aussaat diente. Nimmt man

nun von den letzteren die Aussaat für das nächste Jahr, so wird man die durchschnittliche Zahl der Strahlen wieder um ein wenig erhöhen, und so fort. Man kann die Anzahl der weissen Strahlenblüthen in einer Reihe von Jahren so weit steigern, dass schliesslich für die gelben Scheibenblüthen kein Platz mehr übrig bleibt. Sie werden eine nach der andern von den Strahlenblüthen verdrängt, und man hat statt des Marienblümches ein Tausendschön vor sich. Das Tausendschön ist in der That, wie alle gefüllten Blumen, in dieser Weise von den Gärtnern erzeugt worden.

In ähnlicher Weise sind unsere Getreidesorten im Laufe der Zeit ganz unendlich veredelt worden, d. h. sie sind für ihre Verwendung geeigneter geworden, indem der Gehalt an Stärkemehl u. s. w. zunahm. Der Mensch wählte halb unbewusst immer guten Samen zur Aussaat.

Was von den Pflanzen gilt, trifft natürlich auch für die Thiere zu. Mancher Leser kennt vielleicht die nicht selten bei Menschen vorkommende Erscheinung eines überzähligen Fingers. Auch diese Eigenthümlichkeit wird gewöhnlich auf einen Theil der Kinder übertragen. Ebenso zeigt auch die Anzahl der Schwanzfedern bei den Tauben oft geringe Variationen. Wählt man hier immer diejenigen Thiere zur Zucht, die eine grössere Zahl von Schwanzfedern besitzen, so wird man schliesslich eine Rasse erzielen, die etwa unserer Pfauentaube entspricht.

Wie gross die Erfolge der künstlichen Züchtung neuer Formen sind, zeigen uns die Resultate, welche namentlich englische Thierzüchter erreicht haben. Sir John Sebright konnte sagen, er wolle eine ihm aufgegebene Feder in drei Jahren hervorbringen, er bedürfe aber sechs Jahre, um eine gewünschte Form des Kopfes und Schnabels zu erlangen.[1])

Von unseren sämmtlichen Hausthieren besitzen wir eine grosse Zahl von Rassen, die z. Th. schon sehr alt sind. Allein man kann alle auf eine oder einige Urformen zurückführen. Schon sehr früh hat der Mensch für seine besondern Zwecke oder gar nur für seine besondern Liebhabereien Rassen gezüchtet. Dass unsere sämmtlichen Taubenrassen von der noch wild vorkommenden Felstaube (*Columba livida*) abstammen, hat Darwin dadurch im höchsten Grade wahrscheinlich gemacht, dass er durch Kreuzung der verschiedensten

---

[1]) Haeckel, Natürliche Schöpfungsgeschichte. 7. Aufl. p. 137.

Rassen, die mit der Felstaube nicht die geringste Aehnlichkeit besassen, immer Thiere erzielte, welche jener wilden Art äusserst ähnlich waren. Namentlich zeigten sich stets die zwei schwarzen Flügelbinden der Felstaube, selbst dann, wenn beide Eltern keine Spur dieser Binden besassen.

5. Die natürliche Zuchtwahl.[1])

Dass Veränderungen im Thier- und Pflanzenreiche möglich sind, davon haben wir uns im letzten Kapitel überzeugt. Damit ist aber noch keineswegs nachgewiesen, dass dieselben in der Natur wirklich vorkommen. Bei der Züchtung neuer Rassen vernichtet der Mensch diejenigen Thiere und Pflanzen, die seinem Zweck oder seinem Geschmack nicht entsprechen. In der Natur aber fehlt der Züchter, der neue Formen schaffen will. Es ist nun das grosse Verdienst von Wallace und Darwin, nachgewiesen zu haben, dass in der Natur dennoch, ohne das Eingreifen eines vernünftigen Wesens eine Auswahl bestimmter Formen für die Fortpflanzung stattfinden muss. Die Auslese wird nämlich durch den sogenannten Kampf ums Dasein vollzogen.

Wohl die meisten der Leser werden sich gelegentlich bei Betrachtung der Rogen eines Fisches über die ungeheure Menge von Eiern gewundert haben. Wenn alle diese Eier ausgewachsene Fische würden, so müssten sie offenbar in kürzester Zeit unsere Gewässer vollkommen übervölkern. — Und dennoch machen wir die Beobachtung, dass der Bestand an Fischen immer annähernd derselbe bleibt. Bei essbaren Fischen könnte man vermuthen, dass der Mensch dieser starken Vermehrung ein erhebliches Hemmniss in den Weg lege. Allein auch bei Fischen, die der Mensch gar nicht verwerthet, bleibt das Verhältniss immer annähernd dasselbe. —

Je grösser die Zahl der erzeugten Eier ist, um so grösser ist auch die Zahl der Feinde, d. h. derjenigen Thiere, die von der jungen Brut leben. Schon die eben abgelegten Eier dienen unzähligen Thieren zur Nahrung. Aber auch für diejenigen Eier, die befruchtet werden und zur Entwicklung gelangen, ist nur sehr geringe Aussicht vorhanden, zum geschlechtsreifen Thier heranzu-

---

[1]) Wallace, Beiträge zur Theorie der natürlichen Zuchtwahl. Uebers. Erlangen, 1870.

zuwachsen. Die jungen Fischchen und selbst noch die halberwachsenen werden immerfort von Raubfischen verfolgt. So dass von den vielen Nachkommen, die ein Weibchen jährlich erzeugt, doch durchschnittlich kaum einer zum geschlechtsreifen Thiere wird.

Wir haben oben gesehen, dass die jungen Thiere, wenn sie auch im Allgemeinen der Mutter gleichen, dennoch fast durchweg sehr geringe Abweichungen zeigen und zwar Abweichungen fast jeglicher Art.[1]) Es werden unter ihnen also einzelne sein, die etwas schneller und gewandter sind als andere, indem sie theils eine etwas vollkommenere Muskulatur, theils etwas vollkommenere Bewegungsorgane (Flossen) besitzen. Andererseits werden geringe Abweichungen in den Sinnesorganen vorkommen, so dass einzelne die Feinde leichter bemerken und zugleich ihre Nahrung besser

---

[1]) Es ist das grosse Verdienst Nägeli's, durch sorgfältige Untersuchungen bewiesen zu haben, dass die natürliche Zuchtwahl keineswegs allein genügt, um alle Erscheinungen in der organischen Welt zu erklären. Er hat die Resultate seiner Untersuchungen nach einigen vorläufigen Arbeiten in seinem geistreichen Werke „Mechanisch-physiologische Theorie der Abstammungslehre, München, 1884" niedergelegt. Wie aber fast alle grossen Forscher geneigt sind, das von ihnen gefundene Gesetz überall zur Geltung bringen zu wollen und dadurch einseitig werden, so auch Nägeli. Er nimmt, wie es schon der Titel seines Buches zeigt, die Abstammungslehre als richtig an, glaubt aber an die Stelle der natürlichen Zuchtwahl sein Gestaltungsprincip setzen zu müssen. Man muss ihm zugeben, dass manche Erscheinungen wie z. B. die Form der Blätter, die Blattstellung u. s. w., ebenso die Zahl der Radien bei Seesternen, Quallen etc. durch die natürliche Zuchtwahl noch keineswegs erklärt sind und z. Th. auch vielleicht sich niemals werden erklären lassen. Wir sind also vor die Alternative gestellt, entweder dem Zufall eine grosse Rolle zuzuschreiben oder den kleinsten Theilchen die Eigenschaft zuzusprechen, etwa nach Analogie der anorganischen Körper in den Krystallen, nur gewisse Formen zu erzeugen; und mit Recht zieht Nägeli das letztere vor. Wir werden aber sehen, dass wir ihm im Einzelnen nicht überall folgen können, indem uns manches erklärlich wird, was ihm nach der Selectionstheorie als unerklärlich erschien.

Dass Formunterschiede der genannten Art oft über grosse Gruppen gleichmässig verbreitet sind, beweist nur, dass dieselben hier schon früh aufgetreten sind, und dass nachher kein Grund zu einer Veränderung vorlag. Die Vererbung macht sich eben so lange geltend, bis ein Grund zur Abweichung gegeben ist.

E. v. Hartmann hat in dem Gestaltungsprincip Nägeli's einen passenden letzten Schlupfwinkel entdeckt, um sein Unbewusstes hineinzuconstruiren. (Wahrheit und Irrthum im Darwinismus, Berlin, 1875.)

finden. Ferner werden minimale Unterschiede in den Verdauungsorganen etc. vorkommen. Es fragt sich nun: Welches von den
vielen jungen Thieren hat das Glück, zum ausgewachsenen Thiere
zu werden? Sicherlich ist es nicht ein Individuum mit mangelhaften
Bewegungs-, Sinnes-, Verdauungsorganen u. s. w. Es ist klar, dass
solche Thiere im Durchschnitt immer zuerst dem Feinde zur Beute
fallen oder durch Nahrungsmangel zu Grunde gehen werden. Wir
müssen vielmehr annehmen, dass gewöhnlich gerade diejenigen am
Leben bleiben und zur Fortpflanzung gelangen, welche in jeder
Beziehung am vortheilhaftesten gebaut sind. Allerdings wird hin
und wieder auch einmal ein Thier erhalten bleiben, das sich nicht
gerade sehr vortheilhaft auszeichnet, und ein sehr kräftiges und ge-
schicktes Thier kann durch besonders ungünstige Zufälle zu Grunde
gehen. Im Grossen und Ganzen aber gilt die Regel, dass das
Beste, das am zweckmässigsten Gebaute erhalten bleibt.

Nach dem oben als Thatsache erkannten Gesetze der Vererbung
werden die am Leben bleibenden Thiere ihre günstigen Eigenschaften
im Allgemeinen auf ihre Nachkommen übertragen, so dass diese
schon im Durchschnitt um ein Geringes vortheilhafter gebaut sind.
Die Auswahl des Besseren tritt bei der folgenden Brut natürlich
genau in derselben Weise ein. Und so geht es fort. Es findet
also in der Natur genau dasselbe statt, was unter der Aufsicht des
Züchters vor sich geht. Nur ist die Veränderung eine langsamere,
da ja nicht alle unpassenden Thiere vernichtet werden und nicht
alle am günstigsten gebauten Thiere zur Fortpflanzung gelangen.

Dass sich die Arten verändern ist also nicht etwa Hypothese,
sondern sichere Thatsache. Da wir sicher nachweisen können,
dass die Eigenschaften variiren, dass weit mehr Thiere geboren
werden als zur Fortpflanzung kommen, und dass sich günstige Eigenschaften wie alle andern vererben, so muss sich die Thierart mit
der Zeit verändern, vervollkommnen.

Betrachten wir nun den Vorgang bei dem Feinde: Der Einfachheit wegen wollen wir vorläufig annehmen, dass sich in einem See
nur Hechte und Karpfen befinden und dass die Hechte ausschliesslich von den Karpfen leben, während die Karpfen von Würmern,
Insekten u. s. w. sich nähren. Ferner nehmen wir vorläufig als
Thatsache an, dass Hechte und Karpfen in der Vollkommenheit
ihrer Ausbildung einander genau das Gleichgewicht halten. So dass
die etwas weniger günstig gebauten Karpfen noch den Hechten zur

Beute fallen können, während die vollkommeneren ihnen noch gerade
zu entgehen vermögen.

Die Hechte werden natürlich ebenso wie die Karpfen in weit
grösserer Zahl geboren, als sie zur Geschlechtsreife gelangen können.
Bei ihnen kommen ebenfalls kleine Abänderungen vor in Schnelligkeit und Gewandtheit sowohl als in der Ausbildung der Sinnesorgane u. s. w. Die Folge ist also auch hier eine ähnliche: Die
besser organisirten werden sich Nahrung verschaffen können, während
die weniger günstig gebauten zu Grunde gehen müssen. Der Unterschied ist nur der, dass von den Karpfen die ungeschickteren den
Hechten zur Beute fallen, während sie bei den Hechten aus
Nahrungsmangel umkommen. Wir sind also bei den Hechten
ebenso wie bei den Karpfen genöthigt, eine allmähliche Vervollkommnung anzunehmen.

Nun fragt sich aber, was dann eintritt, wenn einmal das bestehende Gleichgewicht gestört wird. Gesetzt die Vervollkommnung
fände bei den Hechten schneller statt als bei den Karpfen. — Wir
könnten zunächst glauben, dass die Hechte in diesem Falle alle
Karpfen ausrotten würden und dass sie selbst schliesslich aus
Nahrungsmangel zu Grunde gehen müssten, so dass dann der See
vollkommen fischleer ist. Allein dahin kann es nicht kommen. Es
ist ein einfach wirkendes Gesetz der Natur, durch welches das
Gleichgewicht stets erhalten bleibt: Sobald die Karpfen erheblich
an Zahl abnehmen, wird für die Hechte die Nahrung immer spärlicher werden. Selbst die besten Schwimmer werden schliesslich
nicht die nöthige Nahrung finden. Die Folge ist, dass ihre Muskelkraft abnehmen muss. Die wenigen Karpfen dagegen finden sehr
gute Nahrung, sie werden also nur um so kräftiger werden und
vermögen allen Hechten zu entgehen. Wir haben also nun gerade
den entgegengesetzten Fall, dass die Karpfen überleben und die
Hechte fast zu Grunde gehen. Jetzt werden sich aber die Karpfen
wieder stärker vermehren, weil die Feinde spärlicher geworden sind.
Damit bekommen die Hechte wieder Nahrung. Und so geht es
weiter. Aehnlich ist der Vorgang, wenn wir annehmen, dass sich
zunächst die Karpfen rascher vervollkommnen. Es wird dann eine
immer grössere Zahl den Hechten entgehen. Schliesslich werden
die Karpfen sich so stark vermehrt haben, dass ihre Nahrung an-
fängt, mangelhaft zu werden. Damit ist der zu schnellen Vervollkommnung auch hier eine Grenze gesteckt. Kurz, das Ver-

hältniss wird in keiner Weise erheblich gestört werden können, und es wird sich immer schnell wieder ein Gleichgewicht herstellen.

Was wir uns hier an dem einfachen Beispiel vom Hecht und Karpfen klar zu machen gesucht haben, das findet genau ebenso in der ganzen Natur statt; nur sind die Verhältnisse sehr viel complicirter. Alle zusammenlebenden Organismen treiben sich gegenseitig zu einer immer höheren Vollkommenheit und halten einander dabei genau das Gleichgewicht. Sie müssen sämmtlich an diesem Gleichgewicht theilnehmen, weil alle mehr oder weniger in dem Verhältniss der gegenseitigen Nahrung stehen, wie wir es in dem obigen Beispiel kennen gelernt haben. Es müssen folglich auch alle zusammen vorkommenden Organismen gleich hoch entwickelt sein. Mögen es nun hochorganisirte Säugethiere oder einfache Protoplasmaklümpchen sein, sie müssen sämmtlich ihre Vortheile besitzen, die den Vortheilen anderer Thiere das Gleichgewicht halten. Wenn einmal ein Thier in der Vervollkommnung hinter andern zurückbleibt, so muss es eben zu Grunde gehen. Es kommen derartige Beispiele in der That vor. Bei dem obigen Beispiel vom Hecht und Karpfen sahen wir allerdings, dass keiner den andern vollkommen verdrängen konnte. Da aber in der Natur nirgends zwei Thiere so ausschliesslich von einander abhängen, so ist das Aussterben irgend eines Thieres recht wohl möglich.

Da die höheren Thiere sich in einer längeren Zeit entwickeln, so haben im Kampf ums Dasein von den am vollkommensten gebauten Individuen besonders diejenigen Aussicht, erhalten zu bleiben, die sich während der Entwicklung nur noch weiter vervollkommnen. Die Fähigkeit, auch später noch vollkommener zu werden, muss also durch die natürliche Zuchtwahl ebenfalls immer mehr gesteigert werden. Sie ist jedem Leser bekannt. Jeder weiss, dass der Körper durch Uebungen (Turnen) gestärkt wird. Am besten beobachtet man die Erscheinung an der Haut unserer Hände. Verrichtet man mit den Händen schwere Arbeiten, so stellt sich bald eine verdickte Haut ein, welche für derartige Arbeiten sehr geeignet ist.

Das erste Auftreten dieser Fähigkeit können wir uns etwa, wie folgt, erklären[1]): Der Körper der höheren Thiere besteht aus sehr vielen, mikroskopisch kleinen Zellen. Die niedrigsten Thiere dagegen bestehen aus nur einer einzigen Zelle. Wir können also den

---

[1]) W. Roux, Der Kampf der Theile im Organismus, Leipzig, 1881.

Körper der ersteren als zusammengesetzt betrachten und dürfen jeder Zelle eine gewisse Selbständigkeit zuschreiben. Unter den einzelnen Zellen konnte desbalb auch die natürliche Zuchtwahl zur Wirkung kommen. — Wurde auf einen Theil der Haut ein häufiger Druck ausgeübt, so gab es nach dem Gesetz der Veränderlichkeit einige Zellen, die durch den Druck in ihrem Wachsthum und ihrer Vermehrung gehemmt wurden. Eine zweite Gruppe verhielt sich indifferent, und eine dritte Gruppe wurde durch den Druck sogar veranlasst, schneller zu wachsen und sich stärker zu vermehren. Diese letzteren vermehrten sich also unter den gegebenen Verhältnissen und machten den Körper in Bezug auf den Druck in einem höheren Grade zweckmässig. Natürlich waren diejenigen Thiere, die einerseits schon vortheilhaft gebaut waren und deren Zellen ausserdem die Fähigkeit besassen, durch den Gebrauch sich zu vervollkommnen, vor allen andern zweckmässig und gelangten deshalb besonders zur Fortpflanzung. Die Fähigkeit der Vervollkommnung vererbte sich natürlich und bildete sich immer weiter aus.

Es gehört hierher auch die Eigenschaft der Gewebe, Wunden auszubessern. Bei manchen Gliederfüsslern geht dieselbe sogar so weit, dass ganze, verloren gegangene Glieder ersetzt werden. Auch sie ist durch die natürliche Zuchtwahl entstanden und immer weiter ausgebildet.

6. Die Spaltung der Arten.

Das bisher Gesagte erklärt uns wohl, wie in der Natur Arten sich verändern können, es bleibt uns nun noch übrig, das Auftreten neuer Formen zu erklären, und zwar sind es nicht verschiedene Rassen, sondern Arten, die unter dem Einfluss der Naturgesetze enstanden sind. Die vom Menschen erzeugten Rassen unterscheiden sich nämlich ganz erheblich von den in der Natur vorkommenden Arten und selbst von den Varietäten. Die Abweichungen der verschiedenen Rassen unserer Hausthiere würden allerdings vollkommen gross genug sein, um darauf Arten, ja selbst Gattungen zu begründen. Man vergleiche nur einmal die verschiedenen Hunderassen, den Teckel, den Jagdhund, den Mops, den Spitz, den Bernhardiner u. s. w., die selbst ein Kind niemals mit einander verwechseln wird. Andererseits möge man von natürlichen Arten den Haussperling (*Passer domesticus L.*) mit dem Feldsperling (*Passer montanus L.*) vergleichen oder die Singdrossel

(*Turdus musicus L.*) mit der Weindrossel (*T. iliacus L.*) und der Misteldrossel (*T. viscivorus L.*). Selbst ein Zoologe muss derartige Thiere genau ansehen, um sich zu überzeugen, welche Art er vor sich habe. Und dennoch unterscheidet man sie mit Recht als Arten von den Rassen unserer Hausthiere. Der Unterschied zwischen Art und Rasse besteht darin, dass alle Rassen sich ohne Schwierigkeit kreuzen, soweit kein mechanisches Hinderniss z. B. eine gar zu verschiedene Grösse die Kreuzung unmöglich macht, während bei nahestehenden natürlichen Arten Kreuzungen immer äusserst selten vorkommen. Selbst bei den natürlichen Varietäten kann man schon eine gewisse Abneigung gegen die gegenseitige Befruchtung beobachten.

Versuchen wir deshalb, uns die Entstehung neuer Arten klar zu machen.

Als Beispiel wähle ich Hermelin und Wiesel. Das Hermelin unterscheidet sich besonders dadurch vom Wiesel, dass es bedeutend grösser ist und eine schwarze Schwanzspitze besitzt. Beide haben vor ihren grösseren Verwandten (Iltis und Marder) den bedeutenden Vortheil, dass sie in die Löcher kleiner Nagethiere, die ihnen zur Nahrung dienen, einzudringen vermögen.

Hermelin und Wiesel sind also zwei Formen, die einander allerdings recht nahe stehen, und doch als gute Arten bezeichnet werden können. Sie müssen demnach, wenn die Descendenztheorie richtig ist, in einer früheren Zeit aus einer Art entstanden sein. Wir wollen nun sehen, wie wir uns den Vorgang der Trennung zu denken haben.

Die Urform wird wahrscheinlich die Grösse des Hermelins besessen haben. Vor den grösseren Gattungsgenossen war entschieden auch sie schon durch die vortheilhafte Fähigkeit ausgezeichnet, in die Höhlen grösserer Nager eindringen zu können. Die geringe Grösse war also ein Vortheil, der sich nach den oben dargelegten Gesetzen immer mehr erweitern musste. Indem die Hermeline immer kleiner wurden, ward es ihnen möglich in die Höhlen auch kleinerer Nager z. B. der Mäuse einzudringen. Allein eine solche Vervollkommnung barg andererseits einen Mangel in sich. Ein allzu kleines Thier konnte nicht mehr die Kraft besitzen, grössere Nager, wie Ratten und Hamster leicht zu bekämpfen. Zwei verschiedene Vortheile, die geringe Grösse und die bedeutendere Muskelkraft kamen hier also mit einander in Widerspruch. — In einem solchen Falle ist der Anstoss der Spaltung einer Art in zwei neue Arten gegeben. So lange zwei Vortheile vereinbar sind, werden sie beide durch dieselbe Thierart infolge natürlicher Zuchtwahl erworben, wenn sie aber einander ausschliessen, dann muss eine neue Art entstehen.

Wie alle Thiere wurden auch die Urwiesel, so wollen wir die Urform der Einfachheit wegen nennen, in einer weit grösseren Zahl geboren als sie erhalten bleiben konnten. Die Jungen zeigten geringe Abweichungen fast jeglicher Art. Einige besassen etwas mehr, andere etwas weniger als Durchschnittsgrösse; einige waren etwas stärker, andere etwas schwächer u. s. w. Wir wollen nun einige Abweichungen in Bezug auf ihre Vortheile und Nachtheile prüfen: 1) Kleinere Thiere, selbst wenn sie etwas schwächer waren, hatten doch den Vortheil, ihre Beute in manche Löcher hinein verfolgen zu können, die grösseren Individuen unzugänglich waren z. B. in grössere Mauselöcher. Diese kleineren Individuen hatten also Aussicht, erhalten zu bleiben. 2) Einige Thiere wurden so gross, dass sie selbst in die Höhlen grösserer Nager nicht mehr eindringen konnten. Ihnen half ihre grössere Muskelkraft nichts; sie hatten Aussicht zu allererst zu Grunde zu gehen. 3) Viele Individuen bekamen ziemlich genau alle Eigenschaften der Eltern wieder. Sie wären deshalb erhaltungsmässig gebaut gewesen, wenn nicht gleichzeitig 4) noch andere entstanden wären, die genau die günstige Grösse beibehielten und dabei eine etwas kräftigere Muskulatur besassen als die Eltern. Die Individuen dieser letzten Gruppe hatten also neben denen der ersten am meisten Aussicht erhalten zu bleiben. Der Unterschied in der Grösse war zunächst natürlich keineswegs bedeutend genug, um eine Paarung grosser und kleiner Formen verhindern zu können. Da ausserdem beide Formen mit einander in einer Gegend vorkamen, so hätte nichts einer fortdauernden Vermischung beider erhaltungsmässigen Formen im Wege gestanden, und infolge dessen wären immer wieder Zwischenformen in gleicher Zahl aufgetreten. Gelegentlich konnten sich allerdings auch zwei kleine Thiere mit einander paaren und ebenso zwei mittelgrosse und starke. Die Nachkommen dieser Paare wären dann entschieden in der Mehrzahl sehr vortheilhaft gebaut gewesen und wären infolge dessen zur Fortpflanzung gelangt. Sie hätten aber niemals die Eigenthümlichkeit erlangt, die uns zum Aufstellen zweier Arten veranlasst. So lange nicht mechanische Schwierigkeiten sich eingestellt hätten, wäre die Kreuzung immer mit gleicher Häufigkeit erfolgt. Es wären also mit andern Worten Rassen gewesen mit allen Eigenschaften unserer künstlichen Rassen. Dass nun in der Natur Varietäten und dann Arten und nicht Rassen entstanden sind, hat seinen Grund in einem Umstande, den wir bis jetzt unberücksichtigt gelassen haben. Es kommt nämlich zu dem bisher geschilderten Vorgange noch ein geistiger hinzu.

Was wir in Bezug auf Vererbung und Veränderlichkeit bis jetzt nur von körperlichen Eigenthümlichkeiten kennen gelernt haben, das gilt genau ebenso für geistige Eigenschaften. Bekanntlich ist das, was dem Einen angenehm ist, oder was sein Wohlgefallen erweckt, einem Andern unangenehm: Die verschiedenen Individuen haben einen etwas verschiedenen Geschmack. Der Geschmack vererbt sich im Allgemeinen vom Vater auf den Sohn.

Unter den kleinen Individuen vom Urwiesel musste es nach dem Gesetze der Veränderlichkeit einige geben, denen grosse Thiere des andern Geschlechts ein grösseres Wohlgefallen erweckten als kleinere, sie paarten sich also am liebsten mit grossen. Andere gab es, die weder grosse noch kleine vorzogen. Eine dritte Gruppe aber zeigte eine Vorliebe für kleine. Es ist nun klar, dass die letztere Gruppe am meisten Aussicht auf erhaltungsmässige Nachkommenschaft hatte; denn es paarten sich kleine mit kleinen und erzeugten grösstentheils kleine Nachkommen, die, wie wir gesehen haben, einen Vortheil besassen. Sie vererbten aber nicht nur die geringere Grösse, sondern auch ihre besondere Vorliebe auf ihre Nachkommen. Genau dasselbe gilt für die stärkeren Individuen. Die Folge war also, dass sich gleichzeitig mit der Formverschiedenheit eine Vorliebe für diejenige Form ausbildete und verstärkte, die der eigenen am nächsten stand; mit anderen Worten es entwickelte sich das Bestreben eine Kreuzung beider Formen zu vermeiden.

Bei der Trennung zweier Arten muss natürlich ein Merkmal vorhanden sein, an welches die Vorliebe anknüpft. Ein solches Merkmal war in unserm Falle die verschiedene Grösse. Nun hatten aber die grösseren Individuen auch einen grösseren schwarzen Fleck am Ende des Schwanzes. Ganz naturgemäss erstreckte sich deshalb die Vorliebe auch auf diesen Unterschied. Da es aber für die Erhaltung der Art ganz ohne Bedeutung war, ob der Fleck etwas grösser oder kleiner war, so nahm er gerade infolge der Vorliebe beim Hermelin bald eine recht bedeutende Grösse an, während er beim Wiesel schliesslich ganz verschwand.

Wiesel und Hermelin nähern sich beide auch jetzt noch immer mehr der Vollkommenheit. Beide werden stärker, tüchtiger im Erjagen der Beute, muthiger etc. und das Wiesel nähert sich ausserdem einer Grenze der Kleinheit. Das Auftreten einer Mittelform aber, wie es die Urform war, ist für immer unmöglich geworden. Dem Wiesel gegenüber würde sie zu gross sein und dem Hermelin gegenüber zu schwach, um sich in Concurrenz mit ihnen Nahrung erwerben zu können. Wiesel und Hermelin haben sich eben den Verhältnissen viel specieller und vollkommener angepasst. Das Auftreten dieser Urform bleibt auch dann unmöglich oder wird nur noch unmöglicher, wenn sich die beiden vorhandenen Formen von neuem spalten sollten. Wie wir oben gesehen haben, muss durch die natürliche Zuchtwahl eine dauernde Veränderung zur höheren Vollkommenheit stattfinden. Die Sache bleibt auch bei der Spaltung in zwei neue Arten genau dieselbe, der einzige Unterschied ist der, dass die Weiterentwicklung in zwei verschiedenen Richtungen vor sich geht. Mittelformen sind also stets weniger vollkommene Formen. Daraus erklärt sich die Thatsache, dass Formen einer Erdperiode in der folgenden Periode genau genommen nicht mehr vorkommen. Wo einmal eine Form scheinbar unverändert geblieben ist, da wird sie sich in geistiger Beziehung weiter entwickelt haben, indem sich vortheilhafte Instinkte weiter ausbildeten.

Bei der Fortentwicklung der ganzen Organismenwelt konnte natürlich nirgends eine einzelne Form auf ihrem früheren Standpunkte stehen bleiben. Eine Art, die in der Vervollkommnung mit den andern nicht gleichen Schritt halten konnte, musste zu Grunde gehen.

Wie sich in dem gegebenen Beispiel nur eine neue Art, das Wiesel von der andern abspaltete, so können sich gleichzeitig nach verschiedenen Richtungen, d. h. auf Grund verschiedener Vortheile zwei oder mehrere Arten abtrennen. Es bleibt in diesem Falle scheinbar eine Mittelform erhalten. Im Grunde genommen ist aber auch sie nicht von der Vervollkommnung ausgeschlossen. Entwickelt sich doch auch ihr Beutethier zu immer höherer Vollkommenheit.

Man könnte einwenden, dass gewisse Beispiele von rückschreitender Entwicklung gegen die Annahme einer dauernden Vervollkommnung sprechen. Allein es sind immer nur scheinbare Rückentwicklungen; in Wirklichkeit müssen wir sie als Vervollkommnungen bezeichnen. — Die Insekten und Spinnen sind, wie alle anderen Thiere, wahrscheinlich aus Wasserthieren hervorgegangen und dennoch sind später manche wieder zu Wasserthieren geworden, indem sie Luft zur Athmung von der Oberfläche mit sich führen. Die Fähigkeit, atmosphärische Luft zu athmen, wird indessen für diese Gliederthiere von ausserordentlichem Nutzen sein. Sie stehen also weit über ihren im Wasser lebenden Urahnen. Dass einzelne Organe grade bei der Weiterentwicklung d. h. bei der Anpassung an bestimmte Verhältnisse, überflüssig werden, zeigen uns sehr schön die Eingeweidewürmer. Sie besitzen z. Th. gar keinen Darm und doch ist es im höchsten Grade wahrscheinlich, dass ihre Urahnen, ebenso wie verwandte Würmer noch jetzt, einen wohl entwickelten Darm besassen. Bei ihrer jetzigen Lebensweise befinden sie sich stets in einer Nährflüssigkeit. Es ist daher weit vortheilhafter, dass die Nahrung direct durch die Körperwandung dringt, als dass sie erst durch den Mund aufgenommen wird und dann die Darmwandung durchdringt. — Auch die Flugfähigkeit des oben erwähnten Lederlaufkäfers ist überflüssig geworden und deshalb verloren gegangen.

Ueberflüssig gewordene Organe werden bald verkümmern oder rudimentär werden. Es erklärt sich dies leicht dadurch, dass diejenigen Thiere, welche für die Erzeugung und Erhaltung derselben keine Nahrung aufzunehmen brauchen, einen entschiedenen Vortheil besitzen.[1]) — Jedes Thier besitzt nur die Organe, die nothwendig sind. Alles andere würde unnützer Ueberfluss sein. Das Ueberflüssige wird also in der Natur vermieden. Ueberall herrscht ein Gesetz der Sparsamkeit, indem sich einerseits nur solche Organe ausbilden, die unbedingt nöthig sind und andererseits auch diejenigen

---

[1]) Weismann glaubt das Rudimentärwerden allein durch „Panmixie" erklären zu können. Mir erscheint es aber nothwendig, daneben den hier genannten Vortheil zu berücksichtigen. Tritt in Bezug auf irgend ein Organ keine natürliche Zuchtwahl mehr ein, so müsste es nach der Weismannschen Erklärungsweise stets auf der erreichten Stufe stehen bleiben. Der Bau desselben könnte niemals erheblich von demjenigen, den es bei den Eltern zeigt, abweichen. Etwaige Abweichungen müssten sich ausserdem immer wieder ausgleichen. — Man könnte einwenden, dass der Vortheil ein zu geringer ist, um auf das Erhaltenbleiben eines Individuums von Einfluss zu sein. Allein neben vielen andern wird auch dieser im Laufe unendlich grosser Zeiträume zur Geltung kommen.

Organe, die nicht mehr gebraucht werden, allmählich verschwinden müssen.

Bei Pflanzen und niedern Thieren muss der Vorgang der Trennung zweier Arten, den wir bei höheren Thieren kennen gelernt haben, ein etwas anderer sein. Das Wohlgefallen an nahestehenden Formen, welches wir gleichzeitig mit den vortheilhaften Eigenschaften sich entwickeln sahen, fällt hier natürlich weg. Dafür tritt aber ein anderer Factor auf, der jenem genau entspricht. Nach dem Gesetz der Veränderlichkeit werden auch einzelne Individuen auftreten, deren gegenseitiger Befruchtung geringe mechanische Hindernisse sich in den Weg stellen, mögen dieselben nun auf der Form der Blüthen oder Geschlechtsorgane oder auf der Beschaffenheit der Befruchtungskörper selbst beruhen. Die Eigenschaft, nur von nahestehenden Individuen leicht befruchtet werden zu können, wird sich neben den vortheilhaften Eigenschaften genau in derselben Weise steigern, wie bei höheren Thieren die Vorliebe für nahestehende Formen. Spaltet sich z. B. eine Pflanzenart in zwei neue, von denen die eine sich dem feuchten Boden anpasst, die andere dem trockenen Boden, so werden diejenigen Pflanzen am meisten Aussicht auf Bestand haben, bei denen die Blüthen die Eigenthümlichkeit besitzen, von dem Pollen nahestehender Formen leichter befruchtet zu werden, da sie durchschnittlich die meisten Nachkommen erzeugen, die am vollkommensten der entsprechenden Lokalität angepasst sind. Diese Eigenschaft wird sich auch hier vererben und zugleich mit den vortheilhaften Eigenschaften immer weiter ausbilden.[1])

---

[1]) Nägeli (l. c.) macht gegen die natürliche Zuchtwahl namentlich die Beobachtung geltend, dass die in der Natur vorkommenden Varietäten und Arten nicht, wie die vom Menschen erzeugten Rassen, zur Kreuzung geneigt sind. Wenn der Mensch die Absicht hätte Arten und nicht Rassen zu schaffen, so könnte er es in der That erreichen. Er dürfte dann nur diejenigen Individuen zur Nachzucht wählen, welche gleichzeitig mit der gewünschten Eigenschaft eine Abneigung gegen die Kreuzung mit der andern Form zeigen. Allerdings würde das Ziel in diesem Falle weit langsamer erreicht werden, da ja oft die besten Formen nicht zur Züchtung benutzt werden dürften. Es ist deshalb entschieden vorzuziehen, es so zu machen, wie bisher, und sich gar nicht darum zu kümmern, ob die Formen sich kreuzen können, man kann ja darüber wachen.

Vielleicht wird mir eingewendet werden, dass ich zur Ergänzung einer Theorie eine zweite Theorie heranziehe. Das trifft jedoch nicht zu. Ich führe nur die eine Theorie consequent durch, was man bisher nicht gethan hat.

Auch bei den Pflanzen können sich die Arten gleichzeitig in drei und mehrere neue Arten spalten. Das Princip der immer weiter gehenden Vervollkommnung gilt indessen auch hier, so dass genau genommen eine Mittelform niemals erhalten bleibt.

Den Factor, der bei den Pflanzen zur Geltung kommt, müssen wir auch bei den niedern Thieren als wirksam voraussetzen, da bei ihnen das Seelenleben für diesen Zweck noch nicht hinreichend entwickelt ist. Bei den höheren Thieren wird der oben geschilderte, geistige Vorgang wohl ganz allmählich auftreten. Eine scharfe Grenze dürfte kaum zu machen sein. Vielleicht werden zunächst beide neben einander zur Wirkung kommen.

7. Schützende und warnende Farben.

Eine Art der Anpassung müssen wir noch etwas genauer betrachten, da sie sich gleichzeitig mit andern Vortheilen in der Thierwelt sehr allgemein entwickelt hat: ich meine die Anpassung eines Thieres in Farbe und Form an seinen bestimmten Aufenthaltsort.

Die Thiere, die auf dem Schnee und Eise des hohen Nordens leben, haben fast ausschliesslich eine weisse Farbe. Es ist leicht einzusehen, dass den Raubthieren dadurch die Möglichkeit gegeben ist, sich ihrer Beute ziemlich unbemerkt zu nähern. Andererseits werden sich die Beutethiere vor ihrem Feinde möglichst leicht verbergen können. Bei beiden musste sich dieser Vortheil neben andern in der oben ausführlich besprochenen Weise immer weiter entwickeln. — Wiesel und Hermelin haben sogar, wie oben erwähnt, im Winter eine weisse Farbe, während sie im Sommer dunkler gefärbt sind.

Die Thiere, die auf dem Sande am Meeresufer leben, haben oft eine dem Sande äusserst ähnliche Farbe. Am Strande der Ostsee giebt es z. B. vier Spinnenarten aus verschiedenen Familien, die sämmtlich eine solche Farbe besitzen (*Trochosa picta Hhn.*, *Tr. cinerea Fabr.*, *Philodromus fallax Sund.* und *Attus cinereus Westr.*). Sie sind dem Sande so ähnlich, dass es schwer ist, sie zu entdecken, wenn sie unbeweglich dasitzen.

Der Hase gleicht einem Erdhaufen oder einem Stein, wie es jeder Jäger weiss. — Bei Raupen ist die grüne Farbe des Laubes sehr verbreitet. — Manche Schmetterlinge gleichen dem trockenen Laube. Als Beispiel nenne ich den *T*-Vogel (*Aglia tau L.*), der in Buchenwäldern häufig anzutreffen ist. Verfolgt man ihn, so wirft er sich mit angezogenen Flügeln auf's trockene Laub und bleibt unbeweglich liegen. Man sucht ihn dann meist vergeblich. — Noch täuschender gleicht ein ausländischer Falter (*Callima inachis*) einem Blatte. Die Unterseite der Flügel, die nach oben zusammengeklappt werden, zeigt sogar genau das Geäder eines Blattes. — Manche Raupen und Eulen gleichen der mit Flechten bewachsenen Rinde, auf welcher sie sich aufhalten. — Eine Raupe (von *Thyatira Batis L.*) und einige Kleinschmetterlinge (z. B. *Penthina salicella L.*) verwechselt man selbst bei nicht ganz oberflächlicher Betrachtung sehr leicht mit Vogelkoth. —

Einige Fische, Reptilien etc. wie z. B. der Butt (*Platessa vulgaris L.*) sind sogar im Stande ihre Farbe zu wechseln. Sie passen dieselbe stets der Farbe der Umgebung vollkommen an. In ihrer Haut befinden sich dunklere und hellere Farbezellen, die durch Hautmuskeln vergrössert und verkleinert werden können.

Auch in der Form werden Naturgegenstände oft sehr täuschend nachgeahmt. Manche Heuschrecken gleichen gelappten Blättern (*Phyllium*), andere Aesten und Zweigen (*Phasma*). Manche Spannerraupen gleichen kleinen gebogenen Zweigen und eine Blattwanze, die man häufig auf Rispengräsern findet (*Berytus tipularius L.*) gleicht den Rispen des Grases. Eine ausländische Cicade (*Umbonia spinosa Fabr.*) hat genau die Form der gebogenen Stacheln des Rosenstrauchs.

Die gegebenen Beispiele werden genügen, um zu zeigen, wie mannigfaltig Mimicry d. h. Nachahmung von Naturgegenständen vorkommt. Ueberall gewährte sie dem Angreifer sowohl als dem Beutethier Schutz.

Im Gegensatz zu den bisher betrachteten Fällen kommen im Thierreich vielfach auch sehr lebhafte Farben vor, Farben, die sehr auffallend von der Farbe der Umgebung abweichen. Es ist das namentlich bei solchen Thieren der Fall, die entweder in irgend einer Weise dem Angreifer gefährlich oder doch für ihn ungeniessbar sind.[1]

Die auf Wolfsmilch lebende Raupe des Wolfmilchschwärmers (*Sphinx euphorbiae L.*) wird wohl ebenso wie die Pflanze, von der sie lebt, einen giftigen Stoff enthalten und deshalb für manche Vögel ungeniessbar sein. Der Raupe würde indessen aus dieser Eigenschaft allein durchaus kein Vortheil erwachsen. — Wenn sich

---

[1] A. Weismann, Studien zur Descendenztheorie II. Leipzig, 1876.

der Stoff auch durch einen schlechten Geschmack verriethe, so
würden Vögel eine solche Raupe doch erst verletzen müssen, um
sich von der Ungeniessbarkeit zu überzeugen.

In einem solchen Falle ist die charakteristische Färbung von
grossem Nutzen, da sie Vögel entweder instinctiv oder nach ein-
maliger Erfahrung vor dem Genuss der Raupe warnt.

Es muss hier gerade die hervorstechende Färbung immer
mehr zum Ausdruck kommen, da diejenigen Thiere, die am leichtesten von verwandten Thieren zu unterscheiden sind, die meiste Aussicht haben unbehelligt zu bleiben.

Ebenso haben manche Käfer mit einem harten Panzer lebhafte
Farben. Auch der Schutz des harten Panzers würde kaum zur
Geltung kommen, wenn der Käfer trotzdem jeden Augenblick von
Vögeln maltraitirt würde. — Bienen und Hummeln sind mit einem
Stachel bewaffnet, den manche Vögel und Spinnen fürchten. Auch sie
sind deshalb oft lebhaft gefärbt. — Ein sehr schönes Beispiel liefern
uns ferner manche niedern Seethiere aus der Gruppe der Coelente-
raten. Dieselben besitzen zu ihrem Schutze sogenannte Nesselkapseln; das sind Zellen, die bei der Berührung einen giftigen Stoff
entleeren. Eine Qualle würde aber durch ihre Nesselkapseln nicht
im Geringsten geschützt sein, wenn sie vollkommen durchsichtig
wäre. Jeder Fisch würde dann durch sie hindurchschwimmen und
sie zerstören. Es waren also auch hier lebhafte Farben nöthig, die
vor der Annäherung warnten.

Allerdings gewähren alle diese Eigenschaften keinen absoluten
Schutz: Es dürfte wohl kein Thier geben, das nicht von irgend
einem andern bewältigt und gefressen würde. Allein die Thiere,
welche derartige Waffen besitzen, sind immerhin vor einer grossen
Zahl von Feinden sicher.

An die warnenden Farben schliesst sich wieder eine zweite
Art der Nachahmung an. Eine grosse Zahl von Fliegenarten aus
verschiedenen Familien gleicht in Farbe und Behaarung den Wespen,
Hummeln oder Bienen. Die erste entfernteste Aehnlichkeit mit
jenen gefährlichen Insekten wurde vielleicht durch andere Ursachen
zufällig hervorgebracht. Diese anfängliche, sehr geringe Aehnlichkeit schützte natürlich nur sehr wenig. Durch die natürliche Zuchtwahl aber steigerte sie sich immer mehr. Jetzt ist die Nachahmung bisweilen so täuschend, dass man sich zur sichern Ent-
scheidung erst von der Zahl der Flügel überzeugen muss.

Dass die Feinde sich wirklich täuschen lassen, kann man positiv nachweisen. Ich setzte verschiedenen Spinnen bienen- oder wespen- ähnliche Fliegen vor. — Die Spinnen zeigten vor ihnen dieselbe Angst, wie vor den Bienen und Wespen selbst.[1])

8. Ueberentwicklung durch geschlechtliche Zuchtwahl.

Bei höheren Thieren tritt recht häufig eine Erscheinung auf, die sich mit dem Princip der Zweckmässigkeit und der Sparsamkeit in der Natur keineswegs vereinigen lässt. Ich meine das Vorkommen von schönen Formen und Farben namentlich beim männlichen Ge- schlecht. Als ein Allen bekanntes Beispiel nenne ich den Haus- hahn mit seinem geradezu luxuriös ausgestatteten Federkleid. Vom ästhetischen Standpunkte aus beurtheilt sind die schwungvoll ge- bogenen Schwanzfedern und die zierlichen Gruppirungeu glänzender Farben entschieden als schön zu bezeichnen. Aber einen Nutzen können sie ihrem Träger unmöglich gewähren. Sie können für ihn im Gegentheil sogar verhängnissvoll werden, indem sie den Feind und z. Th. auch das Beutethier aufmerksam machen. Noch mehr springt die Unzweckmässigkeit beim Pfau in die Augen. Der mächtige, aus schönen Federn bestehende Schwanz ist dem Thier entschieden lästig.

Man könnte bei derartigen Erscheinungen an die im vorigen Kapitel erwähnten lebhaften Farben denken, die zur Warnung dien- ten. Allein eine verborgene Waffe, wie wir sie dort überall con- statiren konnten, haben die Vögel nicht. Die Männchen sind aller- dings meistens stärker als die schmucklosen Weibchen. Allein die bedeutendere Kraft giebt sich gewöhnlich schon in der bedeutenderen Grösse zu erkennen. Sporn und Schnabel, die als Waffe dienen, sind ebenfalls äusserlich sichtbar. Manche schön gefärbten Männ- chen besitzen aber gar keine Waffe. So hat der Kampfhahn nur einen sehr schwachen, stumpfen Schnabel zu seiner Vertheidigung.

Wir hätten den negativen Beweis der Nutzlosigkeit jener eigen- thümlichen Erscheinungen übrigens gar nicht zu führen brauchen; denn wir können positiv ihren Zweck nachweisen: Der Schmuck des Männchens dient dazu, das Wohlgefallen der Weibchen zu er- wecken. Man kann sich leicht überzeugen, dass die Männchen vor

---

[1]) Vierteljahresschrift f. wissenschaftl. Philosophie, Bd. IX. p. 176 ff.

den Weibchen ihre ganze Pracht zu entfalten suchen, um ihre
Gunst zu erlangen. Oefter habe ich beobachtet, wie ein Libellen-
weibchen (*Calopteryx virgo L.*) still dasass und von zwei Männchen
mit schön blauschillernden Flügeln umkreist wurde. Dieselben be-
mühten sich augenscheinlich, vor dem Weibchen durch zierliche
Bewegungen, ihre Schönheit in noch erhöhtem Masse zur Geltung
zu bringen. Schliesslich sah ich dann, dass das Weibchen dem
einen mehr geneigt war und sich diesem zu nähern suchte. — Es
giebt allerdings manche Fälle, in denen man zweifelhaft sein könnte
ob die versteckten, eigenthümlichen Auszeichnungen des Männchens
vom Weibchen wirklich bemerkt und vorgezogen werden. Allein
man kann sich durch directe Beobachtung stets überzeugen. Bei
dem Männchen einer Sumpffliege (*Dolichopus plumipes Scop.*) ist
z. B. das erste Fussglied der Mittelbeine schwarz gefiedert. Ich
beobachtete nun, dass ein Männchen vor einem ruhig dasitzenden
Weibchen hin- und herschwebte und dabei die Mittelbeine lang
herunterhängen liess, bis sich schliesslich das Weibchen geneigt
zeigte.[1]) — Einen noch schlagenderen Beweis liefert eine Angabe
Jäger's.[2]) Er beobachtete, dass einem Silberfasanenhahn, der bei
der Wahl der Weibchen stets Sieger geblieben war, der Feder-
schmuck verdorben wurde. Sofort hatte sein Nebenbuhler die Ober-
hand gewonnen und führte von da an die Heerde.

Versuchen wir jetzt, uns klar zu machen wie die scheinbare
Ungereimtheit der angeführten Thatsachen entstanden ist. — Wir
haben oben gesehen, dass sich bei der Spaltung in Arten gleichzeitig mit der vortheilhaften Eigenschaft eine Vorliebe für nahe
stehende Formen ausbildete. Und zwar concentrirte sich beim
Hermelin diese Vorliebe besonders auf die schwarze Schwanzspitze,
da sie der Beobachtung am besten zugänglich war. Dass eine Auswahl des Nahestehenden stets getroffen wird, ist besonders noth-

---

[1]) Es ist allerdings von bedeutenden Forschern behauptet worden,
dass die Fliegen mit ihren zusammengesetzten Augen keine Formunter-
scheidungen machen könnten, z. B. von Plateau (Bulletin de l'Academie
royale de Belgique 3me série t. X 1885). Die sonst vorzüglichen Experi-
mente leiden aber an dem Mangel, dass nicht berücksichtigt worden ist,
ob die Fliegen auch die für die Versuche vorauszusetzenden Schlüsse zu
machen im Stande sind, was zum Wenigsten sehr stark angezweifelt
werden muss.

[2]) G. Jäger, Die Darwinsche Theorie und ihre Stellung zur Moral
und Religion, Stuttgart, 1869.

wendig für das Weibchen; denn wenn auch beide Geschlechter meistens in annähernd derselben Zahl geboren werden, so genügt doch ein Männchen zur Befruchtung mehrerer Weibchen. Wenn also nur das Weibchen eine recht günstige Auswahl trifft, so kann der Charakter am schnellsten zur Ausbildung kommen. Denken wir uns die Sache umgekehrt so, dass nur das Männchen die Wahl zu treffen hat, dann würden allerdings die erhaltungsmässigsten Weibchen zuerst gewählt werden, es wäre aber für die Männchen noch immer die Gelegenheit vorhanden, auch alle andern Weibchen zu befruchten. Der Charakter würde folglich nur sehr langsam zur Ausbildung kommen. Bei der Auswahl von Seiten der Weibchen wird ein Theil, nämlich ein Theil der Männchen vollkommen von der Fortpflanzung ausgeschlossen. — Die Weibchen hatten die grösste Verantwortlichkeit in Betreff der Nachkommenschaft, folglich musste sich bei ihnen nach dem oben erklärten Gesetz das Wahlvermögen besonders ausbilden.

Die Auswahl giebt sich uns in der gesammten höheren Thierwelt in einem Zögern des Weibchens kund. Da eben das Weibchen nicht jedes beliebige Männchen ohne Weiteres annimmt, sondern nach vorhergehender Prüfung, so muss uns dies als ein Zögern, ein geringer Widerwille gegen die Paarung erscheinen.[1]

Das Erkennungsmerkmal wird nun infolge geschlechlicher Zuchtwahl immer charakteristischer hervortreten und zwar bei beiden Geschlechtern in gleicher Weise, da die Vererbung auf beide Geschlechter in gleichem Maasse stattfindet. Die schwarze Schwanzspitze musste beim Hermelin einen immer grösseren Umfang annehmen, während sie beim Wiesel sich immer mehr dem Verschwinden näherte. Der schwarze Theil des Schwanzes vergrösserte sich also beim Hermelin, obgleich dies namentlich bei dem weissen Winterkleide ganz entschieden nicht vortheilhaft war. Wir haben

---

[1] A. Espinas (Die thierischen Gesellschaften. Deutsche Uebers. Braunschweig, 1879 p. 268) hat das Verdienst das Zögern des Weibchens zuerst erklärt zu haben. Nimmt man noch die individuelle Auswahl E. v. Hartmann's (Philosophie des Unbewussten Ster.-Ausg. p. 236) hinzu, so kommt fast schon eine Theorie heraus, die ich, ohne damals die beiden genannten Werke gelesen zu haben, im Zool. Anzeiger 1884 p. 594 und in der Vierteljahrsschrift für wissensch. Philosophie IX p. 185 f. veröffentlichte. Die beiden genannten Autoren geben nur nicht die Erklärung, wie ein solcher Factor sich gerade bei der Spaltung der Arten entwickeln und durch die natürliche Zuchtwahl sich ausbilden musste.

hier also eine in geringem Grade schädliche Eigenschaft vor uns, die allein jener Vorliebe zuzuschreiben ist.

Es fragt sich nun, ob ein solches Merkmal schliesslich für die Erhaltung der Art verhängnissvoll werden kann. — Wir haben oben bei unserm Beispiel vom Hecht und Karpfen gesehen, dass die Vervollkommnung beider immerzu fortschreitet und dabei genau gleichen Schritt hält. Eine zu schnelle Vervollkommnung, die der Vervollkommnung anderer Thiere vorauseilt, kann ebenso gefährlich werden, wie ein Zurückbleiben. Es wird also meistens eine grössere Vervollkommnung in irgend einer Beziehung möglich sein als sie in der That stattfindet. Ein Nachtheil, wie es die schwarze Schwanzspitze des Hermelins ist, wird sich demnach entwickeln können, wenn sich nur gleichzeitig Vortheile z. B. Körperkraft, Gewandtheit, Schnelligkeit u. s. w. dementsprechend schneller ausbilden. — Der Entwicklung eines solchen Nachtheils oder der Ueberentwicklung, wie wir diese Erscheinung kurz nennen können, ist indessen doch durch die gesammten Verhältnisse eine gewisse Grenze gesteckt, über die nicht hinausgegangen werden darf. Ist diese Grenze erreicht, so schreitet wieder die natürliche Zuchtwahl ein und merzt aus, was zu weit geht. Die Grenze ist aber nicht bei beiden Geschlechtern dieselbe: Gewöhnlich muss das Weibchen die Brutpflege übernehmen, während das Männchen sich frei umherbewegen darf. Bei kurzlebigen Thieren z. B. den Schmetterlingen kann das Männchen nach der Paarung auch unbeschadet der Erhaltung der Art zu Grunde gehen. Wir können deshalb schon a priori schliessen, dass schädliche Merkmale beim Männchen bedeutend weiter sich entwickeln können als beim Weibchen, und das trifft in der That zu. (Eimer's Gesetz der Präponderanz des Männchens.) Es leiten uns also die Gesetze bei consequenter Durchführung auf Erscheinungen, die wir schon beim Hahn, Pfau etc. kennen gelernt haben. Die Weibchen sind meist in Bezug auf ihre Farbe der Umgebung angepasst. Es ist das nöthig, da sie die Eier bebrüten müssen. Die schönen Farben des Männchens lassen sich aus Schutzfarben ableiten. Bei der Abspaltung von verwandten Arten dienten Unterschiede in der Zeichnung, als den Sinnen leicht zugänglich, zur Unterscheidung. Durch einen hohen Grad von Ueberentwickiung entstanden beim Männchen aus den unterscheidenden Merkmalen die schönen Farben und Zeichnungen, in denen man kaum noch eine Aehnlichkeit mit dem weiblichen Gefieder zu erkennen vermag.

Wir konnten constatiren, dass das Vermögen, eine günstige Auswahl zur Paarung zu treffen, besonders beim Weibchen wichtig ist und sich deshalb hier hauptsächlich entwickeln musste. Allein es ist klar, dass es auch von einem gewissen Vortheil sein muss, wenn zugleich das Männchen wählt. — Die sich trennenden Arten werden dann nur um so schneller ihr Ziel erreichen, indem die Bastarde noch bedeutend schneller verschwinden. Es gilt das namentlich für diejenigen Thiere, welche in lebenslänglicher Monogamie leben. Die Auswahl kann dann sogar in einem ebenso hohen Maasse dem Männchen zufallen als dem Weibchen. Ein Beispiel liefert uns der Mensch selbst. Da hier der Mann zugleich der Beschützer der Familie ist, so ist auch beim Weibe die Möglichkeit zur Ueberentwicklung gegeben.

Zunächst ist der Bart des Mannes entschieden durch Ueberentwicklung entstanden. Da es aber mehrere menschenähnliche Affen giebt, die ebenfalls nur im männlichen Geschlechte Bärte besitzen, so dürfen wir wohl annehmen, das wir den Bart und die Vorliebe für denselben schon von unsern affenähnlichen Vorfahren überkommen haben. — Ein sehr auffallender Unterschied des Menschen von allen Affen ist die fast vollkommene Haarlosigkeit. Sie wird also wohl bei der Trennung der Arten als Erkennungsmerkmal gedient haben. Die Haarlosigkeit ist entschieden kein Vortheil. Wir können sie uns nur als durch Ueberentwicklung entstanden denken. Am weitesten ist die Ueberentwicklung beim Weibe vorgeschritten, man nennt daher die Frauen ganz richtig das schöne Geschlecht.

II. Leben und Geist.

Wir haben im Vorhergehenden schon öfter die geistigen Fähigkeiten eines Thieres heranziehen müssen, um uns gewisse Erscheinungen zu erklären: Wir sahen, dass das Wohlgefallen eine schnelle und vollkommene Trennung höher stehender Thierarten herbeiführe. Wir setzten bei unsern Betrachtungen den Geist als etwas Bekanntes voraus. Und in der That, jeder Mensch kennt den Geist aus eigener Erfahrung. — Trotzdem hat man die Frage nach dem Wesen und Wirken des Geistes in der verschiedensten Weise zu beantworten gesucht. Es handelte sich dann namentlich um das Verhältniss des Geistes zur Materie, zum Körper. Die Frage ist in Bezug auf die Religion natürlich von der grössten Wichtigkeit.

Bevor wir zur Beantwortung dieser Frage schreiten, erscheint es uns nothwendig, kurz auf die neueren Ansichten über das Wesen der Materie und der Naturkräfte einzugehen.

I. Die Materie.

Man hat die sämmtlichen Naturkörper in ihre Urbestandtheile zu zerlegen gesucht, und ist dabei auf etwa 60—70 Elemente gekommen, die sich sämmtlich mehr oder weniger von einander unterscheiden, und die man mit unsern jetzigen Mitteln nicht weiter hat zerlegen können. Sie sind bei gewöhnlicher Temperatur theils fest, theils flüssig, theils luft- oder gasförmig. In der Tabelle S. 41 findet man eine Zusammenstellung derselben mit Hinzufügung ihrer abgekürzten Bezeichnungen.

Zwei oder mehrere Elemente können zu chemischen Verbindungen zusammentreten. Das metallische Eisen verbindet sich z. B. mit dem gasförmigen Sauerstoff zu Rost; das metallische Natrium mit dem gasförmigen Chlor zu Kochsalz. Man erkennt aus den gegebenen Beispielen, dass eine chemische Verbindung sich recht wohl von einem Gemenge zweier Bestandtheile unterscheiden lässt. Die chemische Verbindung zeigt Eigenschaften, die keinem der Bestandtheile zukommen. Eine weitere Eigenthümlichkeit einer chemischen Verbindung besteht darin, dass sich die Elemente nur in ganz bestimmten Gewichtsverhältnissen vereinigen, während man ein Gemenge in jedem beliebigen Verhältniss herstellen kann. Sieben Gewichtstheile Eisen verbinden sich z. B. mit genau vier Gewichtstheilen Schwefel zu Schwefeleisen. Daneben kommt aber noch eine zweite Verbindung von 7 Gewichtstheilen Eisen mit 8 Gewichtstheilen (also genau der doppelten Menge) Schwefel vor. Der letztere Körper ist das Doppeltschwefeleisen. Die Erscheinung, dass sich die Elemente nur in ganz bestimmten Verhältnissen zu chemischen Verbindungen vereinigen, lässt sich nur verstehen, wenn man annimmt, dass jeder Körper aus kleinsten Theilchen, den sogenannten Atomen bestehe, die bei jedem Element ein verschiedenes, aber ganz bestimmtes Gewicht besitzen. Nehmen wir z. B. an, das Atom Eisen besitze das Gewicht 7 mgr und das Atom Schwefel das Gewicht 4 mgr, so besteht das Einfachschwefeleisen aus einem Atom Eisen (Fe) und einem Atom Schwefel (S), während das Zweifachschwefeleisen aus einem Atom Fe und zwei Atomen S besteht. Aus diesem Grunde bekommt die erste Verbindung die Bezeichnung $Fe S$, die zweite die Bezeichnung $Fe S_2$. Eine Verbindung von zwei oder mehreren Atomen verschiedener Elemente nennt man Molekül. Es vereinigen sich also ein Atom Fe mit einem Atom S zu einem Molekül Schwefeleisen $Fe S$. Aus der Verbindung zweier Elemente kann man stets das Verhältniss der Atomgewichte berechnen. Das absolute Gewicht eines Atoms findet man allerdings nicht auf diesem Wege, sondern nur das Verhältniss zum Gewichte anderer Atome. Da der Wasserstoff (H) von allen Elementen das kleinste Atomgewicht besitzt, so hat man $H = 1$ gesetzt und danach die Zahlen für alle andern berechnet. Die folgende Tabelle giebt ausser den Namen und Abkürzungen der Elemente auch ihr Atomgewicht.

Wasserstoff (H)	1	Magnesium (Mg)	24
Lithium (Li)	7	Aluminium (Al)	27
Beryllium (Be)	9	Silicium (Si)	28
Bor (B)	11	Phosphor (P)	31
Kohlenstoff (C)	14	Schwefel (S)	32
Stickstoff (N)	14	Chlor (Cl)	35
Sauerstoff (O)	16	Kalium (K)	39
Fluor (Fl)	19	Calcium (Ca)	40
Natrium (Na)	23	Scandium (Sc)	45

Titan (*Ti*)	48	Cadmium (*Cd*)	112
Vanadin (*V*)	51	Indium (*In*)	113
Chrom (*Cr*)	52	Zinn (*Sn*)	118
Mangan (*Mn*)	55	Antimon (*Sb*)	122
Eisen (*Fe*)	56	Tellur (*Te*)	126
Kobalt (*Co*)	58	Jod (*J*)	127
Nickel (*Ni*)	58	Caesium (*Cs*)	132
Kupfer (*Cu*)	63	Barium (*Ba*)	137
Zink (*Zn*)	65	Didym (*Di*)	138
Gallium (*Ga*)	68	Cer (*Ce*)	141
— —	72	Erbium (*Er*)	166
Arsen (*As*)	75	Lanthan (*La*)	180
Selen (*Se*)	79	Tantal (*Ta*)	182
Brom (*Br*)	80	Wolfram (*W*)	184
Rubidium (*Rb*)	85	Osmium (*Os*)	(198)
Strontium (*Sr*)	87	Iridium (*Ir*)	193
Yttrium (*Y*)	89	Platin (*Pt*)	196
Zirkonium (*Zr*)	90	Gold (*Au*)	199
Niob (*Nb*)	94	Quecksilber (*Kg*)	200
Molybdän (*Mo*)	96	Thallium (*Tl*)	204
— —	100	Blei (*Pb*)	206
Rubidium (*Ru*)	104	Wismuth (*Bi*)	210
Rhodium (*Rh*)	104	Thorium (*Th*)	234
Palladium (*Pd*)	106	Uran (*Ur*)	240
Silber (*Ag*)	108		

Sind beide Elemente, die sich zu einer Verbindung vereinigen, gasförmig, so findet man, dass die Gase nicht nur in bestimmtem Gewichtsverhältniss, sondern zugleich in bestimmtem Massverhältniss die Verbindung eingehen. Es vereinigen sich z. B. Chlor (*Cl*) und Wasserstoff (*H*) zu Salzsäure,

$$Cl + H = HCl,$$

und zwar giebt ein gewisses Volumen *Cl* mit genau demselben Volumen *H* zusammengebracht *HCl*. Da die genannte Regel für alle Gase gilt, so schliesst man, dass von allen Gasen in derselben Raumeinheit dieselbe Anzahl von Atomen vorhanden ist (Gesetz von Avogadro). Da ferner aus einem Volumen *H* und einem Volumen *Cl* zwei Volumina *HCl* entstehen, so muss entweder ein Molekül *HCl* einen genau doppelt so grossen Raum einnehmen als ein Atom *H* oder ein Atom *Cl*; oder aber Wasserstoff und Chlorgas müssen nicht aus Atomen, sondern aus Molekülen von je zwei Atomen bestehen, so dass also:

1 Mol. *H* (2 At.) + 1 Mol. *Cl* (2 At.) = 2 Mol. *HCl* (4 At.).

Beide Annahmen stimmen mit der Erfahrung überein. Welche von beiden die richtige ist, das sehen wir schon, wenn wir das Wasser aus seinen Bestandtheilen darstellen. Es geben:

$$2 \text{ Vol. } H + 1 \text{ Vol. } O = 2 \text{ Vol. Wasserdampf.}$$

Es folgt daraus zunächst, dass Wasser aus einem Atom O und zwei Atomen H besteht, also $= H_2O$ ist. Da aber nicht drei Vol. H_2O entstehen, sondern nur zwei, obgleich drei Vol. verwendet wurden, so müssen wir uns den Vorgang folgendermassen denken:

$$2 \text{ Mol. } H \text{ (4 At.) } + 1 \text{ Mol. } O \text{ (2 At.) } = 2 \text{ Mol. } H_2O \text{ (6 At.).}$$

Es stimmen mit dieser Annahme alle Resultate der Chemie überein, es ist also im höchsten Grade wahrscheinlich, dass sie richtig ist. Mit wenigen Ausnahmen bestehen die Moleküle aller einfachen Elemente aus zwei Atomen. Das oben erwähnte Gesetz lautet also folgendermassen: Bei gleichem Druck und gleicher Temperatur sind in einem gleichen Raume eine gleiche Anzahl von Gasmolekülen (und nicht Atomen) vorhanden.

Das Chlor verbindet sich mit einem Atom Wasserstoff zu Salzsäure HCl, es wird deshalb einwerthig genannt. Der Sauerstoff verbindet sich gewöhnlich mit zwei H zu Wasser H_2O, er heisst deshalb zweiwerthig. Der Stickstoff verbindet sich mit 3 H zu Ammoniak NH_3, er heisst dreiwerthig. Der Kohlenstoff endlich verbindet sich mit 4 H zu Grubengas CH_4, man nennt ihn deshalb vierwerthig.

Die Thier- und Pflanzenstoffe sind der Hauptsache nach aus 4 Elementen zusammengesetzt, und zwar einem festen, dem Kohlenstoff (C) und drei gasförmigen, dem Sauerstoff (O), dem Wasserstoff (H) und dem Stickstoff (N). Dass diese vier Elemente eine so unendlich grosse Zahl von Verbindungen liefern können, kommt einerseits daher, dass der Kohlenstoff vierwerthig ist und andererseits namentlich daher, dass sich verschiedene C-Atome mit einem (zwei oder drei) ihrer vier Werthe untereinander verbinden können, während die übrigen Werthe Atome anderer Elemente binden. Es giebt also Verbindungen folgender Art:

$$C \begin{cases} H \\ H \\ H \\ H \end{cases} \text{(Methan),} \qquad \begin{matrix} H \\ H \end{matrix} \!\!> C - C <\!\! \begin{matrix} H \\ H \\ H \end{matrix} \text{(Aethan),}$$

$$\left.\begin{array}{c}H\\H\\H\end{array}\right\rangle C - \overset{\overset{H}{|}}{C} - C \left\langle\begin{array}{c}H\\H\\H\end{array}\right. \quad \text{(Propan) u. s. w.}$$

Die C-Atome können sich sogar ringförmig verbinden:

$$\begin{array}{c}C - H\\H - C \qquad C - H\\ \| \qquad\qquad |\\H - C \qquad C - H\\ C - H\end{array} \quad \text{(Benzol)}.$$

Die H-Atome können überall durch andere einwerthige Elemente oder durch die Gruppen OH, NH_2 u. s. w., ferner können 2 H durch ein O-Atom, 3 H durch ein N-Atom u. s. w. ersetzt werden. Es entstehen dann Verbindungen wie die folgenden:

$$\left.\begin{array}{c}H\\H\\H\end{array}\right\rangle C - C \left\langle\begin{array}{c}H\\H\\O-H\end{array}\right. \text{(Alkohol)}, \quad C \left\langle\begin{array}{c}O\\N=H_2\\N=H_2\end{array}\right. \text{(Harnstoff)},$$

u. s. w. — Man ersieht leicht, dass eine so grosse Zahl von Verbindungen möglich ist, wie sie die organische Chemie thatsächlich nachgewiesen hat.

Man glaubte früher, dass die sämmtlichen organischen Verbindungen nur unter Mitwirkung einer besondern Kraft, der Lebenskraft entstehen könnten. Diese Annahme hat sich aber längst als falsch erwiesen. Im Jahre 1828 gelang es Wöhler, den Harnstoff aus anorganischen Verbindungen künstlich darzustellen; und jetzt hat man bereits eine sehr grosse Zahl von organischen Verbindungen dargestellt. Wenn auch bei manchen die künstliche Darstellung bis jetzt noch nicht gelungen ist, so steht doch sicher zu erwarten, dass die Zeit nicht so fern sein wird, wo man sie sämmtlich wird darstellen können. Die Kluft, die früher hinsichtlich der chemischen Zusammensetzung zwischen den organischen und anorganischen Körpern bestand, ist demnach weggefallen.

Ordnet man alle bekannten Elemente, in der Reihenfolge ihrer Atomgewichte, in zwei kleine Reihen von je sieben und dann weiter in grosse Reihen von 17 Elementen, so bemerkt man, dass ähnliche Elemente in einer eigenthümlichen Weise übereinander zu stehen kommen[1]).

---

[1]) Man vergl. L. Meyer, Moderne Theorien der Chemie.

1	2	3	4	3	2	1
Li	*Be*	*B*	*C*	*N*	*O*	*Fl*
Na	*Mg*	*Al*	*Si*	*P*	*S*	*Cl*

K Ca Sc Ti V Cr Mn Fe Co Ni Cu Zn Ga — As Se Br
Rb Sr Y Zr Nb Mo — Ru Rh Pd Ag Cd In Sn Sb Te J
Cs Ba Di Ce — — — — — — — — — — — —
— — Er La Ta W — Os Ir Pt Au Hg Te Pb Bi — —

Zunächst steigt die Werthigkeit bis zur vierten Verticalreihe, wie es die darüber stehenden Zahlen andeuten sollen, und fällt dann wieder bis zur letzten Reihe. Vergleicht man die übereinander stehenden Elemente, so findet man sie, auch abgesehen von ihrer gleichen Werthigkeit, einander äusserst ähnlich. Die Elemente *Li*, *Na*, *K*, *Rb* und *Cs* sind sämmtlich Metalle und zwar sind es diejenigen unter den Metallen, die sich sehr energisch mit Sauerstoff verbinden, so dass man sie nicht an der Luft aufbewahren kann. Sie zersetzen das Wasser (H_2O), indem sie sich mit dem *O* verbinden und den *H* freimachen. Die genannte charakteristische Eigenschaft nimmt mit dem Atomgewicht zu, so dass man das *Cs* noch nicht rein als Metall hat darstellen können. Die Schmelztemperatur nimmt mit zunehmendem Atomgewicht ab:

	Li	*Na*	*K*	*Rb*	*Cs*
Atomgewicht . . .	7	23	39	85	132
Schmelztemperatur .	180°	95,6°	62,5°	38,5°	—

Auch die Verbindungen dieser Elemente sind einander äusserst ähnlich.

Eine gleiche Beziehung zeigt sich unter den Gliedern der zweiten Verticalreihe und aller folgenden, besonders aber wieder in der letzten Verticalreihe, da die Elemente hier, wie es das Schema zeigt, wieder sehr genau übereinander stehen. Die Elemente *Fl*, *Cl*, *Br* und *J* sind im Gegensatz zu der ersten Reihe die energischsten Nichtmetalle d. h. sie verbinden sich sehr energisch mit den Metallen und bilden Salze. Auch in dieser Reihe wachsen die Eigenschaften mit zunehmendem Atomgewicht.

	Fl	Cl	Br	J
Schmelzpunkt . .	gasf.	gasf.	− 7°	+ 113°
Siedepunkt . . .	—	− 33°	+ 63°	+ 200°
Farbe	farblos	gelb	braun	schwarz.

Man kann die regelmässigen Beziehungen noch viel weiter verfolgen, als es in dem Schema S. 45 angedeutet ist. Dass es nicht etwa vom Menschen hineinconstruirte Beziehungen sind, sondern Gesetzmässigkeiten, die in der Natur gegeben sind, ist durch Thatsachen bewiesen. Es sind fehlende, unbekannte Elemente in das Schema eingetragen und in allen ihren Eigenschaften bestimmt worden. Später wurden sie aufgefunden und entsprachen genau der früheren Beschreibung. Dahin gehört das Gallium (*Ga*), das von Mendelejeff 1870 beschrieben und später (1875) von Lecoq de Boisbaudran entdeckt wurde.

Es drängt sich uns unwillkürlich die Frage auf, wie wir uns das eigenthümliche Vorkommen von gesetzmässigen Beziehungen unter den Elementen zu erklären haben. Wenn die Elemente wirklich von einander ganz unabhängige Stoffe wären, so würde es ein ganz wunderbarer Zufall sein; denn mit jeder regelmässigen Beziehung zweier Elemente mehrt sich nur das Wunderbare.

Dass alle Elemente mit ihren charakteristischen Eigenschaften vorhanden sind, könnte man auf die Allweisheit des Schöpfers schieben, wiewohl einige so spärlich vorkommen, dass sie niemals werden von Nutzen sein können. Weshalb . aber bilden sie ein so eigenthümliches System? — Wir sehen uns genöthigt, denjenigen Recht zu geben, welche einen innern Zusammenhang annehmen und behaupten, dass die Atome aller Elemente aus einer feinen Urmaterie zusammengesetzt sind[1]).

---

[1]) Gegen diese Annahme hat man eingewendet, dass sich durch sie die periodenförmige Anordnung der Elemente keineswegs erklären lasse; es müsse sich dann vielmehr ein einfaches Ansteigen der Eigenschaften vom ersten bis zum letzten Element zeigen. Allein wir finden ähnliche Perioden auch bei chemischen Verbindungen, obgleich wir hier bestimmt wissen, dass die Atomgruppen regelmässig wachsen. Die normalen Fettsäuren haben z. B. folgende Schmelzpunkte (Baeyer, Chem. Ber. 10 p. 1286):

$C_9H_{18}O_2 = -2°$ $C_8H_{16}O_2 = 16°$ $C_{10}H_{20}O_2 = 29,5°$ $C_{12}H_{24}O_2 = 43,5°$

$C_7H_{14}O_2 = -10,5°$ $C_9H_{18}O_2 = 12,5°$ $C_{11}H_{22}O_2 = 28,5°$ $C_{13}H_{26}O_2 = 40,5°$

$C_{11}H_{22}O_2 = 53,5°$ $C_{16}H_{32}O_2 = 62°$ $C_{15}H_{30}O_2 = 69°$ $C_{20}H_{40}O_2 = 75°$

$C_{13}H_{26}O_2 = 51°$ $C_{17}H_{34}O_2 = 59,9°$ $C_{19}H_{38}O_2 = 66,2°$

Aus physikalischen Gründen sind wir gezwungen, einen äusserst feinen Stoff anzunehmen, der den luftleeren Himmelsraum ausfüllt und alle Körper durchdringt. Diese feine Materie nennen wir Aether. Wir werden ihn im nächsten Kapitel näher kennen lernen. Soviel aber ist hier schon klar, dass es am einfachsten ist, wenn wir den Aether mit der Urmaterie, die alle Atome zusammensetzt, identificiren. Obgleich keine wissenschaftliche Thatsache dagegen spricht, ist diese Annahme natürlich nur eine Hypothese und wird es so lange bleiben, bis es gelingt, Atome in Aether aufzulösen oder aus Aether Atome darzustellen.

2. Die Naturkräfte.

Es ist der Physik in neuerer Zeit gelungen, nachzuweisen, dass die Materie nur durch Bewegung auf unsere Sinne einzuwirken vermag, dass also alles das, was wir mittelst unserer verschiedenen Sinne wahrnehmen, auf Bewegung der Materie beruht. Alle unsere Sinne sind also gleichsam nur Gefühls- oder Tastsinne, die sich von dem eigentlichen Tastsinn nur dadurch unterscheiden, dass wir durch sie bestimmte und, wie wir gleich sehen werden, feinere Bewegungen wahrzunehmen im Stande sind.

Wenn wir einen Ton hören, so erscheint uns derselbe nicht als eine Bewegung, und dennoch wissen wir, dass eine Saite, die sich äusserst schnell hin- und herbewegt, einen Ton erzeugt. Wie gelangt die Bewegung der Saite an unser Ohr? Die Annahme, dass die Saite ihre Bewegung auch auf die umgebende Luft übertrage und Wellen in derselben erzeuge, liegt sehr nahe. Ein ins Wasser geworfener Stein giebt uns ein Bild von der Entstehung und Fortpflanzung derartiger Wellen. Alle Versuche, die man angestellt hat, bestätigen in der That die Wellentheorie. Besonders beweisend aber ist ein Versuch, der sich auf die Interferenz der Wellen bezieht d. h. auf die nothwendige Folgerung, dass zwei gleiche Töne, die um eine halbe Wellenlänge nach einander an unser Ohr gelangen, sich aufheben müssen, ebenso wie auf dem Wasser zwei gleich starke Wellen überall da, wo sich Wellenberg der einen und Wellenthal der andern schneiden, sich vollkommen ausgleichen. Wie man den Versuch mit den Schallwellen anstellt, darauf kann ich hier nicht eingehen; man findet ihn in jedem Lehrbuch der Physik angegeben. Für uns genügt auch die Thatsache, dass in einem solchen Falle zwei starke, zugleich erklingende Töne voll-kommene Ruhe erzeugen, was sich in keiner andern Weise er-klären lässt.

Direct beobachten kann man ferner, dass sich Töne von ver-schiedener Höhe nur durch die verschiedene Häufigkeit der Schwin-gungen unterscheiden oder, da die Fortpflanzungsgeschwindigkeit die gleiche ist, durch verschiedene Wellenlänge. — Dass es die Luft ist, welche in der Regel die Schwingungen fortleitet, ist ebenfalls bewiesen: Eine Glocke tönt nicht im luftleeren Raum.

Ueber das Wesen des Lichtes ist man lange Zeit im Un-klaren geblieben. Früher hielt man es für einen äusserst feinen Stoff, den ein leuchtender Körper nach allen Seiten fortschleudern sollte (Emissionstheorie). Allein man hat auch hier eine Wellen-bewegung nachweisen können (Undulationstheorie). Nach der Un-dulationstheorie lassen sich einerseits die unzähligen, in dieser Richtung angestellten Versuche mit Leichtigkeit erklären. Besonders beweisend ist aber auch hier die Beobachtung der Interferenz gewesen. Dass Licht vermehrt um Licht Dunkelheit giebt, dürfte auch hier kaum anders sich erklären lassen.

Die Lichtschwingungen unterscheiden sich von den Schall-schwingungen durch ihre ausserordentliche Geschwindigkeit. Wäh-rend Töne vom tiefsten bis zum höchsten noch wahrnehmbaren durch 16—50000 Schwingungen in der Secunde erzeugt werden (bei musikalisch brauchbaren Tönen sind die Grenzen 40 und 4000), wird Licht vom Roth bis zum Violet durch 395 Billionen bis 756 Billionen Schwingungen in der Secunde hervorgebracht. Die verschiedene Schwingungsdauer oder Wellenlänge entspricht hier den verschiedenen Farben. Alle Regenbogenfarben vereinigt geben weisses Licht.

Es fragt sich nun, welcher Stoff es ist, der durch seine Wellen die Lichtschwingungen fortleitet. Die Luft kann es nicht sein, da sich das Licht auch durch einen luftleer gemachten Raum fort-pflanzt. Die weiten Himmelsräume sind ebenfalls luftleer, indem nach sichern Beobachtungen die Luft nur Hüllen um die Himmels-körper bildet, und dennoch bekommen wir Licht von der Sonne und sogar von den fernsten Fixsternen. Wir sehen uns also zu der Annahme genöthigt, dass es ausser der Luft eine noch weit feinere Materie, den Aether giebt, der den gesammten Himmels-raum ausfüllt und auch manche festen Körper wie z. B. das Glas

vollkommen frei beweglich durchdringt, da die Lichtwellen sich ja
unbehindert auch durch das letztere fortpflanzen.

Die Sonne liefert uns indessen nicht nur Licht, sondern auch
Wärme. Auch die Wärme pflanzt sich folglich durch den luftleeren
Himmelsraum fort. Wie das Licht, so hielt man früher auch die
Wärme für einen Stoff. Nach dem soeben vom Lichte Gesagten
liegt es nahe, auch hier Bewegung zu vermuthen. Die Beobachtung
von Interferenzerscheinungen hat nun in der That auch für die
Wärme eine Wellenbewegung ausser Zweifel gestellt. Zugleich hat
man nachweisen können, dass die strahlende Wärme nicht etwa
eine neue Art der Wellenbewegung oder gar eine Wellenbewegung
in einem neuen Medium ist, sondern sie ist vollkommen mit den
Lichtwellen identisch d. h. Lichtwellen sind zugleich Wärmewellen.
Was uns im Auge als Licht erscheint, das können wir auf der Haut
als Wärme zur Empfindung bringen. — Zwar sind nicht alle
Wärmewellen zugleich Lichtwellen. Die bedeutendste Wärme liefern
gerade Wellen von bedeutenderer Länge, die wir nicht mehr als
Licht wahrnehmen können (60 Bill. bis 395 Bill. i. d. Sec.).

Vom zusammengesetzten weissen Lichte lassen gewisse Körper
nur Wellen von bestimmter Schwingungsdauer hindurchtreten. Rothes
Glas lässt z. B. nur rothes Licht durch; alle andern Farben werden
absorbirt. Ebenso absorbiren die durchsichtigen Theile des Auges
diejenigen Wellen, welche die meiste Wärme liefern und lassen nur
die uns als Farben bekannten Strahlen durch. Daraus erklärt es
sich, dass wir nur diese mit dem Auge wahrzunehmen vermögen.

Man kann zweifelhaft sein, ob Alles das, was uns als Wärme
erscheint, auf Bewegung beruhe. Auch feste Körper müssten dann
Schwingungen machen, da sie mehr oder weniger warm sein können.

Um uns Klarheit in diesem Punkte zu verschaffen, gehen wir
vom flüssigen Zustand irgend eines Körpers z. B. des Wassers aus.
Erwärmt man das Wasser, so erreicht es bald seine Siedetemperatur
und fängt an in den gasförmigen Zustand, in Wasserdampf überzugehen. Der Wasserdampf nimmt einen 1200 mal grösseren Raum
ein als das Wasser selbst. Die Moleküle müssen hier also 1200 mal
so weit von einander entfernt sein. Trotz dieser grossen Entfernung
können die Moleküle durch keinen noch so starken Druck einander
genähert werden, wenn man die Temperatur dem Druck entsprechend
erhöht. Man fragt sich unwillkürlich, was denn jetzt die Moleküle
mit einer so gewaltigen Kraft auseinander hält. — Zur Erklärung

4

dieser eigenthümlichen Erscheinung sieht man sich genöthigt, wieder die Theorie, dass Wärme Bewegung sei, heranzuziehen.

Die Wärme treibt die Moleküle eines Gases mit einer rasenden Geschwindigkeit hin und her. Sie fahren in allen Richtungen durcheinander und stossen dabei jeden Augenblick zusammen, um mit derselben Geschwindigkeit in einer andern Richtung zurückzuprallen.[1]) Die unendlich zahlreichen heftigen Stösse der Moleküle sind es also, welche dem Druck Widerstand leisten. — Auf den ersten Blick erscheint uns diese Theorie allerdings etwas sonderbar, sie liefert aber doch die einzige und beste Erklärung aller Erscheinungen.

Nimmt die Temperatur des Wasserdampfes ab, so beruht dies darauf, dass die Schnelligkeit der Moleküle geringer wird. Schliesslich wird sie so gering, dass die Moleküle ihrer gegenseitigen Anziehung folgen und sich zu mehreren zusammenballen. Die Molekülgruppen, wir nennen sie Micelle, folgen der Schwere und fallen zu Boden. Kurz es tritt der flüssige Zustand wieder ein. Die Bewegung hat aber damit keineswegs ganz aufgehört. Das Wasser ist ja immerhin noch wärmer als das feste Eis, es werden deshalb wohl noch Bewegungen der Theilchen stattfinden, die im festen Zustande nicht mehr vorkommen. Es giebt sich uns dies schon in der Beschaffenheit der Flüssigkeit zu erkennen. Die Micelle haben sich noch nicht so eng an einander gelegt, wie im festen Zustande. Wir können ihre Bewegung etwa mit der Bewegung eines Gummiballs vergleichen, der vermöge seiner Elasticität wiederholt vom Boden zurückgeschleudert wird, ohne sich der Schwere entgegen weit von der Erde entfernen zu können. Die Elasticität der Micelle ist nur eine weit grössere, man darf fast sagen, eine vollkommene.

Hätte man den Dampf noch weiter erhitzt, so wären schliesslich sogar die Moleküle in Atome zerfallen, es wäre die sogenannte Dissociation eingetreten. Wir müssen also wohl annehmen, dass auch vor der Dissociation die Atome des Moleküls gegen einander Bewegungen vollziehen, die aber bis zur Dissociation nicht stark genug sind, um sie vollkommen von einander zu trennen. Die Bewegungen der Atome im Molekül werden in geringem Masse auch noch im flüssigen Zustande fortdauern.

Kühlen wir die Flüssigkeit immer mehr ab, so wird sie

---

[1]) O. E. Meyer, Die kinetische Gastheorie.

schliesslich in den festen Zustand übergehen. Gewöhnlich legen sich die Micelle zu charakteristisch geformten Körpern, den Krystallen zusammen. Schon die Micelle besitzen diese Krystallform. Ja, sogar schon in der Form der Moleküle und Atome muss dieselbe begründet sein, es würde sonst nicht jede chemische Verbindung in ihrer charakteristischen Form krystallisiren. Die grössere oder geringere chemische Verwandtschaft, d. h. die grössere oder geringere Energie, mit welcher sich die verschiedenen Atome zu verbinden suchen, beruht wahrscheinlich allein auf der verschiedenen Form der Atome: Nicht alle Formen passen gleich gut zusammen und können sich gleich fest aneinander legen.

Auch im festen Aggregatzustande hört die Wärmebewegung nicht vollkommen auf. Die höhere oder niedrigere Temperatur des festen Körpers beruht eben auf einer grösseren oder geringeren Bewegung der kleinsten Theile. Sie prallen aber nie mehr so weit auseinander, dass die ganze Form dadurch gestört würde. Die Bewegung ist jetzt eine dreifache; 1) die der Micelle unter einander, 2) die der Moleküle in den Micellen und 3) die der Atome im Molekül.

Bei der Dampfmaschine wird Wärmebewegung in sichtbare Bewegung umgesetzt. Die vielen Moleküle stossen mit einer so ungeheuren Geschwindigkeit auf den Kolben, dass dieser zurückgedrängt wird.

Die uns umgebende Luft verhält sich genau ebenso wie der Dampf, den man durch Erhitzen einer Flüssigkeit erhält. Der einzige Unterschied ist der, dass die Bewegung der kleinen Luftmoleküle schon bei sehr niedriger Temperatur stark genug ist, um sie von einander zu trennen. Kühlt man den Sauerstoff oder den Stickstoff unter starkem Druck ab, so kann man sie ebenfalls zu einer Flüssigkeit verdichten. Die Geschwindigkeit der Luftmoleküle bei gewöhnlicher Temperatur hat man auf 400—500 m in der Secunde berechnet. Allein sie stossen, wie gesagt, in jedem Augenblick auf einander, so dass also keins diesen Weg wirklich zurücklegt.

Wir kommen jetzt zu einer neuen Naturkraft, der Elektricität. Elektrische Erscheinungen treten überall da auf, wo Bewegung stattfindet, möge es nun sichtbare Bewegung, Wärme, Licht, oder die Umsetzung einer chemischen Verbindung sein. Aus dieser Thatsache hat man den naheliegenden Schluss gezogen, dass die Elektri-

4*

cität selbst auch eine Art der Bewegung sei.[1]) Positive und negative Elektricität ist offenbar nur ein Mehr oder Weniger dieser Bewegung; denn ein und derselbe Körper kann dem einen Körper gegenüber positive, einem andern, stark positiv elektrisirten gegenüber negative Elektricität zeigen. Ebenso erscheint uns ja auch ein Körper kalt oder warm, je nachdem er kälter oder wärmer als unser eigener Körper ist d. h. je nachdem die Wärmebewegungen seiner Theilchen grösser oder geringer sind, als die der Theilchen unseres Körpers.

Die Frage nach der Art der elektrischen Bewegung ist noch nicht entschieden. Man· könnte an eine Schwingung von bestimmter Wellenlänge denken. Wahrscheinlicher ist aber wohl die Annahme, dass es die rotirende Bewegung der Moleküle ist, die überall bei Zusammenstössen nothwendig auftreten muss. Wäre diese Annahme richtig, so würde die Behauptung, dass wir die Elektricität nicht mit unsern Sinnen wahrnehmen können, nur in einem beschränkten Sinne gelten: Wir unterscheiden sie vielleicht nur nicht von der Wärme, ebenso wie wir mit unserm Hautsinne auch Wärme- und Lichtwellen zusammenwerfen.

Der Magnetismus hängt bekanntlich eng mit der Elektricität zusammen, so eng, dass wir unsere Bewegungstheorie ohne Weiteres auf denselben ausdehnen können. In Betreff der engen Beziehungen zwischen Magnetismus und Elektricität können wir auf jedes Lehrbuch der Physik verweisen.

Eine Naturkraft bleibt uns indessen noch zur nähern Betrachtung übrig: Es ist die Anziehungskraft einerseits der kleinsten Theile, der Atome und Moleküle und andererseits die der Himmelskörper, die man als Schwerkraft bezeichnet. Dass ein Körper aus der Ferne ohne ein übermittelndes Medium auf einen andern einwirken soll, das widerspricht eigentlich schon unserer Vernunft. Und dennoch sehen wir täglich, dass ein aufgehobener Gegenstand zur Erde niederfällt, dass die Erde also scheinbar ohne ein dazwischen befindliches Band eine Anziehungskraft auf ihn ausübt.

Mit Hülfe des Aethers hat man auch dieses Räthsel zu lösen gesucht: — für die Aethertheilchen gilt natürlich in einem noch weit höheren Grade alles das, was wir von den Gasmolekülen kennen gelernt haben. Sie werden mit einer noch weit grösseren Geschwindig-

---

[1]) A. Secchi, Die Einheit der Naturkräfte. Deutsche Uebers.

keit[1]) durch einander fahren und müssen infolgedessen auf die Moleküle
eines jeden festen Körpers einen ganz ausserordentlichen Druck aus-
üben, indem sie in dichtem Gedränge mit ausserordentlicher Gewalt
auf dieselben aufstossen. Da nun die Theilchen hierbei einen Theil
ihrer Bewegung auf den festen Körper übertragen (derselbe wird
verwendet, um die Theilchen des festen Körpers zusammenzuhalten),
so ist ihre Geschwindigkeit beim Zurückprallen eine weit geringere
als beim Aufstossen. Man macht sich den Vorgang am besten klar,
wenn man an das Zurückprallen eines Gummiballes von einer weichen
Fläche denkt. Der Ball giebt einen Theil seiner Bewegung an die
Theilchen der weichen Fläche ab, indem er dieselben zusammen-
presst; er wird infolgedessen kaum zurückgeschleudert.

Kommt ein kleiner Körper in die Nähe eines grossen, so treffen
ihn von der Seite des grossen Körpers her weit weniger energische
Aetherstösse. Die Folge ist, er nähert sich dem grossen Körper
d. h. er wird scheinbar von diesem angezogen.[2]) Das Gesagte gilt
sowohl für die Moleküle und Atome als für die Himmelskörper.

Aus meinen Ausführungen ersieht man, dass man sich immer
mehr der Ansicht zuneigt, es gebe nur eine Kraft, nämlich die
Bewegung in ihren verschiedenen Formen, ebenso wie wahrscheinlich
nur ein Stoff, der Aether in seinen verschiedenen Gruppirungen,
existirt.

3. Der Geist.[3])

Nachdem wir die neueren Anschauungen über Materie und
Naturkräfte in ihren Grundzügen kennen gelernt haben, und sich
uns überall das wohlberechtigte Streben, alles Mannigfaltige möglichst

---

[1]) Die Wellen im Aether sind wie diejenigen in einem festen Körper
transversale Schwingungen. Dies kann man sich nur in Anbetracht der
ganz ausserordentlichen Geschwindigkeit der Aethertheilchen erklären.
Auch die Atome eines festen Körpers machen Wärmebewegungen gegen
einander. Dieselben sind aber im Verhältniss zum Abstande der Atome
so schnell, dass man den Körper als eine Masse ansehen kann. Dasselbe müssen wir auch von den Aethertheilchen voraussetzen. Auch ihr
Abstand ist im Verhältniss zu ihrer Schnelligkeit äusserst gering.

[2]) Dass bei den Himmelskörpern nicht die Masse, sondern die Fläche
wirkt, das erkennt man deutlich aus dem Gravitationsgesetz. Die Schwerkraft müsste sonst mit dem Cubus und nicht mit dem Quadrat der Entfernung abnehmen.

[3]) E. du Bois-Reymond, Die Grenzen des Naturerkennens. (Reden
Bd. I. p. 118 ff. u. 381, Leipzig, 1886.)

auf eine Einheit zurückzuführen, gezeigt hat, wird es uns verständlich, wie man den Versuch machen konnte, auch den Geist auf Naturkräfte, auf Bewegung zurückzuführen. Zu dem Streben nach Einheit kommt noch ein zweiter Umstand, der das Zusammenwerfen so heterogener Dinge, wie Bewegung und geistiger Vorgang es sind, entschuldbar macht. Ich meine die Thatsache, dass die geistigen Vorgänge immer in einer innigen Beziehung zu ihrer materiellen Grundlage, dem Nervengewebe stehen, und dass höchstwahrscheinlich jedem geistigen Vorgange eine Bewegung körperlicher Theilchen vollkommen parallel verläuft. Je complicirter das geistige Leben eines Thieres ist, um so complicirter ist auch der Bau des Gehirnes. Der Mensch, der geistig entschieden alle Thiere weit überragt, hat zugleich das am vollkommensten entwickelte Gehirn.

Die Nerven haben die Aufgabe, Sinnesreize von den verschiedenen Theilen des Körpers nach dem Gehirn zu übermitteln. Die Nervenleitung ist also eine Fortpflanzung der Bewegung, die auf das Endorgan der Nerven einwirkt. Man hielt diese Fortleitung früher für einen elektrischen Strom. Da sie aber ganz bedeutend langsamer verläuft als Elektricität sich fortpflanzt, so ist eine neuere Anschauung viel wahrscheinlicher, nach welcher der Vorgang auf einer chemischen Umsetzung beruht, die von der Oberfläche des Körpers zum Gehirn und dann umgekehrt verläuft. Das Fortschreiten der Umsetzung muss man sich genau ebenso denken wie die Verbrennung eines schmalen Pulverstreifens, den man am einen Ende angezündet hat. — Durch das Blut wird im Nerven schnell ein umgekehrter Prozess vollzogen, so dass schon nach kurzer Zeit von Neuem ein gleicher Reiz fortgeleitet werden kann.[1] — Im Gehirn gelangt der Reiz zum Bewusstsein. Gleichzeitig wird er auf bestimmte Bewegungsnerven übergeleitet, welche ihn an gewisse Muskeln zurückleiten, um in ihnen die dem Reize entsprechenden Zusammenziehungen zu veranlassen. Die Muskelcontractionen können entweder bewirken, dass sich der Körper dem Gegenstand des Reizes nähert oder sich von diesem entfernt. Ist der Reiz ein angenehmer, so tritt das erstere ein, ein wohlschmeckender Gegenstand wird z. B. in den Mund gebracht. Ist er dagegen ein unangenehmer Reiz, so wird er durch entgegengesetzte Muskelcontractionen gemieden.

---

[1] H. Spencer, Die Principien der Psychologie. Uebers. Bd. I.

Ausser den Nervenleitungen, die durch das Gehirn gehen, giebt es auch directe Verbindungen der Reizstelle mit den entsprechenden Muskeln. In vielen Fällen tritt deshalb gar keine Einschaltung des Bewusstseins ein. Man kann sich von dieser Thatsache überzeugen, indem man einem Thiere z. B. einem Frosch das Gehirn vollkommen zerstört und nun auf seiner Haut irgend einen schädlichen Reiz verursacht. Sofort bringt der Frosch den entsprechenden Hinterfuss an die gereizte Stelle und sucht den Reiz zu entfernen. Wir selbst vollziehen derartige zweckmässige Bewegungen ebenfalls oft unbewusst, namentlich im Schlafe. Die Thatsache, dass eine Nervenleitung auch ohne Bewusstsein stattfinden kann, deutet darauf hin, dass es eben nur ein Bewegungsvorgang, etwa die Fortleitung einer chemischen Umsetzung ist. Man sieht also, wie nahe es liegt, den Bewusstseinsvorgang für die Bewegung im Gehirn selbst zu halten. Und dennoch liegt es andererseits auf der Hand, dass es nur der vollkommen gleichzeitige Verlauf zweier total verschiedener Vorgänge ist. — Gesetzt man könnte die Bewegung, die einem einfachen Gefühl entspricht, mikroskopisch beobachten. Man würde dann eben nur eine Bewegung der Moleküle sehen, nichts, was sich im Entferntesten mit dem vergleichen liesse, was wir in unserm Bewusstsein als Gefühl oder Empfindung kennen. Ein Ton wird, wie wir wissen, dadurch erzeugt, dass Luftstösse in regelmässigen Intervallen das Trommelfell unsers Ohres treffen. Die Stösse werden durch Nerven zum Gehirn geleitet. Der gehörte Ton muss also auch im Gehirn irgend eine Bewegung sein, die sich sehr rasch wiederholt. Durch wissenschaftliche Versuche und Schlüsse gelangen wir zu dem Resultat, dass etwa ein solcher Bewegungsvorgang in unserm Gehirn stattfinden muss. Unsere Empfindung würde uns dies sicherlich niemals vermuthen lassen. Empfindung und materieller Vorgang sind eben etwas vollkommen Verschiedenes.

Psychische Vorgänge kennen wir allerdings nur da, wo ein Gehirn functionirt, also nur in Verbindung mit Bewegung der Materie. Allein auch Bewegung würde ohne Materie für uns undenkbar sein und dennoch ist Bewegung und Materie keineswegs dasselbe.

Manche Forscher, die sich durch Gründe, wie ich sie hier angedeutet habe, veranlasst sahen, geistige Vorgänge von Bewegungsvorgängen zu unterscheiden, haben behauptet, dass das, was wir Geist nennen, eine Eigenschaft der Materie sei, entweder aller Elemente oder doch eines Elementes, das hauptsächlich am Aufbau der Organismen und namentlich der Gehirnmasse theilnimmt. Allein auch diese Annahme lässt sich nicht aufrecht erhalten. Wären die geistigen Vorgänge eine Eigenschaft sämmtlicher Materie wie etwa die Schwere, so müssten sie um so stärker hervortreten, je dichter und zahlreicher sich die Moleküle zusammenballen. Wären sie eine Eigenschaft bestimmter Elemente, so müssten sie am vollkommensten zur Wirkung kommen, wenn man diese Elemente rein darstellte. Beides ist aber bekanntlich nicht der Fall. Der Geist ist vielmehr auf eine bestimmte, complicirte Gruppirung von Molekülen, die Gehirnmasse beschränkt. — Andere Forscher haben nun zum Vergleich physikalische Eigenschaften herangezogen, die gerade bei bestimmten Molekülgruppirungen auftreten. Chemische Verbindungeu zeigen oft sehr lebhafte Farben, welche keins der Elementarbestandtheile besitzt. Die Farbe ist also genau wie der Geist auf bestimmte Verbindungen beschränkt. Wird der Vergleich so gefasst, so ist es in der That zulässig. Er beweist dann aber auch nicht, dass der Geist eine Eigenschaft aller oder bestimmter Moleküle sei. Gesetzt, eine chemische Verbindung sei roth, so verhält sie sich dem weissen Licht gegenüber so, dass nur die rothen Lichtwellen zurückgeworfen werden, während alle übrigen resorbirt und in Wärmebewegung umgesetzt werden. Die Verbindung hat also die Eigenschaft, Lichtwellen in einer bestimmten Weise zur Wirkung kommen zu lassen. Die Aetherwellen kommen hier zu der bestimmten Eigenschaft des Körpers immerhin noch als Fremdes hinzu, um die rothe Farbe hervorzubringen; sie sind mit jener Eigenschaft des Körpers keineswegs identisch. Genau ebenso wird es mit der Gehirnmasse sein. Sie hat die Eigenschaft, den Geist in einer bestimmten Weise zur Wirkung kommen zu lassen. — Der Geist bleibt bei dieser Annahme von den Eigenschaften der Moleküle vollkommen verschieden. Er braucht keineswegs allen Molekülen inne zu wohnen. Man kann sich eben sowohl Moleküle ohne Geist als Moleküle ohne Bewegung denken, ohne dadurch mit den Thatsachen in Widerspruch zu gerathen.

Als Resultat unserer Betrachtungen können wir also die Thatsache hinstellen, dass die geistigen Vorgänge streng von den Bewegungsvorgängen zu scheiden sind. Wohl dürfen wir annehmen, dass sich auch die geistigen Vorgänge ebenso wie die Naturkräfte und die Materie auf eine einheitliche Grundlage werden zurückführen lassen; damit wird dann aber auch die Grenze erreicht sein. Materie,

Bewegungsvorgang und geistigen Vorgang wird man stets als vollkommen heterogen bezeichnen müssen.

Im folgenden Kapitel wollen wir versuchen festzustellen, wo in der organischen Welt wir geistige Vorgänge vorauszusetzen haben.

4. Die Lebensvorgänge.

Früher nannte man nur diejenigen Organismen lebend, welche selbständige Bewegungen ausführten d. h. nur die Thiere. Bald aber musste man erkennen, dass sich bei einer derartigen Unterscheidung von lebenden und leblosen Wesen eine scharfe Grenze nicht wohl ziehen lasse. Seitdem man nun gar in neuerer Zeit den Pflanzen und Thieren einen gemeinschaftlichen Ursprung zuschreibt, ist es eine nothwendige Folgerung geworden, dass beide Reiche mehr oder weniger in einander übergehen und die Vorgänge in beiden dieselbe Grundlage haben werden. Man bezeichnet jetzt auch die regelmässigen Vorgänge der Ernährung und des Wachsthums der Pflanzen als Lebensvorgänge. Bei den Thieren, wenigstens bei den höheren Thieren tritt ausserdem noch das hinzu, was wir als geistige oder psychische Vorgänge kennen gelernt haben. Ich betone noch einmal, dass wir unter psychischen Vorgängen nur das verstehen, was wir in unserm Bewusstsein als Empfinden, Fühlen und Wollen kennen. Unsere Aufgabe soll es nun sein, festzustellen, wo im Thierreich wir derartige Vorgänge, von den dunkelsten und unbestimmtesten Anfängen an, zu suchen haben.

Wir kamen oben zu dem Schluss, dass höchstwahrscheinlich mit jedem geistigen Vorgang eine Bewegung körperlicher Moleküle parallel laufe und dass die Moleküle durch das Blut in ihren früheren Zustand zurückversetzt werden, so dass sich derselbe geistige Vorgang schon nach kurzer Zeit von Neuem vollziehen kann. Sicher ist wenigstens so viel, dass diejenigen Gehirnparthien, in denen die geistigen Vorgänge stattfinden — es ist die graue Rindenmasse des Grosshirns — reichlich mit Blut versorgt werden. Es ist also entschieden ein bedeutender Theil der Nahrung erforderlich, um die geistigen Vorgänge möglich zu machen. Wir sahen nun oben weiter, dass überall im Körper das Gesetz der Sparsamkeit herrscht, d h. es wird nirgends Kraft und Stoff unnütz verbraucht. (Eine einzige Ausnahme von dieser Regel ist, wie wir sahen, in der Ueberentwicklung durch geschlechtliche Zuchtwahl begründet.) Wir können also schliessen, dass wir nur da in der Reihe der Organismen geistige Vorgänge erwarten dürfen, wo dieselben nützlich oder nothwendig sind. Ueberall, wo die Lebensvorgänge ebenso gut ohne psychische Vorgänge verlaufen können, werden die letzteren auch fehlen. Es ist dieser Satz wichtig, da wir von ihm allein sichern Aufschluss über das Vorkommen psychischer Vorgänge erwarten dürfen. Unsere Aufgabe hätte sich also jetzt dahin präcisirt, festzustellen, wo im Thierreiche psychische Vorgänge unbedingt nöthig sind. — Um diese Frage beantworten zu können, müssen wir zunächst den Vorgang der Ernährung etwas näher kennen lernen.

Die Ernährung besteht darin, dass alle Gewebe aus derselben Nährflüssigkeit diejenigen Bestandtheile abscheiden, aus denen sie sich aufbauen. Entweder nehmen sie dabei an Umfang zu, und man spricht dann von einem Wachsthum, oder es werden verbrauchte Substanzen einfach ersetzt. — Wir werden sehen, dass diese Vorgänge wenigstens in ihren Grundzügen in den chemischen und physikalischen Eigenschaften der Moleküle begründet sind.

Die chemischen Verbindungen nehmen, wie schon oben erwähnt wurde, bei ihrem Uebergehen in den festen Zustand oder bei ihrer Abscheidung aus einer Lösung bestimmte Krystallformen an. — Das Glaubersalz oder schwefelsaure Natrium (SO_4 Na_2) krystallisirt in eigenthümlichen schiefen, sogenannten monoklinen Prismen. Löst man das Salz bei 33° C. in Wasser, so wird vom Wasser eine grosse Menge desselben aufgenommen, weit mehr als bei gewöhnlicher Temperatur. Lässt man alsdann die Lösung in einem verdeckten Gefäss sich abkühlen, so scheiden sich keine Krystalle ab. Wirft man nun aber in die abgekühlte, übersättigte Lösung einen Krystall von derselben Substanz, so scheidet sich sofort die überschüssige Menge des Salzes in Krystallen aus. Der hineingeworfene Krystall bewirkt also durch seine Form, dass auch die übrige Masse dieselbe feste Form annimmt. — Es giebt manche Substanzen, die in zwei verschiedenen Formen krystallisiren können. Bei diesen nimmt die sich abscheidende Masse die Gestalt des hineingeworfenen Krystalls an. So krystallisirt der Schwefel in monoklinen Prismen und in rhombischen Oktaëdern. Löst man nun Schwefel in Benzin, und wirft einen prismatischen Krystall hinein, so scheidet sich alles in Prismen aus, während ein hineingebrachter oktaëdrischer Krystall die Ausscheidung der Masse in Oktaëdern bewirkt. Hier ist also sicher erwiesen, dass die Form des hineingebrachten Krystalles die Form der sich neubildenden Krystalle bedingt.

Löst man übermangansaures Kali ($MnO_4 K$) in Wasser, so erhält man eine tiefrothgefärbte Lösung. Setzt man diese in kleinen Mengen zu einer Lösung von schwefelsaurem Eisenoxydul ($SO_4 Fe$) bei Gegenwart von Schwefelsäure ($SO_4 H_2$), so entfärbt sich die Flüssigkeit, indem sich schwefelsaures Manganoxydul ($SO_4 Mn$), schwefelsaures Eisenoxydul (SO_4)$_3 Fe_2$ und schwefelsaures Kali ($SO_4 K_2$) bilden, sämmtlich Verbindungen, die eine farblose Lösung geben.

$$2\,MnO_4 K + 10\,SO_4\,Fe + 8\,SO_4\,H_2 = 2\,SO_4\,Mn + 5\,(SO_4)_3 Fe_2 \\ + 8\,H_2 O + SO_4\,K_2$$

Die ersten Tropfen der rothen Lösung entfärben sich indessen nur sehr langsam; durch Erwärmen kann man die Entfärbung beschleunigen. Erst nachdem sich Mengen der neuen Verbindungen gebildet haben, tritt sie augenblicklich ein. Ist der Vorgang einmal eingeleitet, so kann man ihn beliebig lange unterbrechen. Die Farbe verschwindet stets schon beim Zusatz des ersten neuen Tropfens augenblicklich. — Ich setzte nun zu einer farblosen Lösung von reinem schwefelsaurem Eisenoxydul zunächst eine Lösung von schwefelsaurem Manganoxydul und begann dann erst damit, Tropfen der rothen Lösung hinzuzuthun. Die Farbe verschwand nun gleich anfangs augenblicklich. Man ersieht aus diesem Versuch, dass das Vorhandensein von Manganoxydulsalz, die Bildung neuer Mengen desselben Salzes befördert.

Es ist in neuerer Zeit festgestellt worden, dass zwei Körper, die sich gewöhnlich mit sehr grosser Energie mit einander verbinden, sich überhaupt nicht verbinden, sobald man sie vollkommen rein zusammenbringt. Aus beiden angeführten Thatsachen kann man schliessen, dass eine Verbindung nur dann entsteht, wenn eine geringe Menge der Verbindung schon vorhanden ist, die den Process einleitet.

Die Art und Weise des Einwirkens der fertigen Verbindung haben wir uns jedenfalls ebenso zu denken, wie die oben erwähnte Fähigkeit eines Krystalles, die Bildung neuer Krystalle zu veranlassen. Es wird die Form der neuen Moleküle oder Micelle sein, welche auch die andern Moleküle veranlasst, dieselbe Form anzunehmen und damit dieselbe Verbindung einzugehen.

Wenden wir nun die gefundenen Resultate auf die Organismen an: Sofort wird es uns begreiflich, weshalb aus derselben Blutflüssigkeit der Knochen Knochensubstanz aufnimmt, das Nervengewebe Nervensubstanz, der Muskel Muskelsubstanz u. s. w. Wenn geringe Mengen der Verbindungen im Gewebe vorhanden sind und das Blut die Bestandtheile derselben zuführt, so werden die Verbindungen sich vermehren und das Gewebe wird entweder an Umfang zunehmen oder es werden abgenützte Theile desselben ersetzt.

Auch die Grundursache der Vererbung wird uns jetzt klar. Wir brauchen nur anzunehmen, dass eine geringe Menge einer jeden Verbindung des ausgebildeten Körpers schon im Ei vorhanden ist.

Der feste Panzer der Insekten besteht aus Chitin. Es ist das eine Masse, die von Zellen abgesondert wird. Sie muss also schon in der Substanz jener Zellen vorhanden sein und sich immer neu bilden, um einfach an die Oberfläche zu treten und zu erhärten. Dies sind die einfachsten Wachsthumsverhältnisse. An sie schliesst sich die Zellbildung an, wie sie an der Oberfläche unsers Körpers immerfort stattfindet. Die oberflächlichen Zellen sterben ab und werden abgenutzt. In der Tiefe aber bilden sich durch Theilung der vorhandenen Zellen immerzu neue. Entfernt man an einer Körperstelle die Haut, so bildet sich an der verletzten Stelle bald eine neue Haut aus, die Wunde vernarbt. Die Zellen haben also die Fähigkeit, aus der Blutflüssigkeit ihre eigenen Bestandtheile aufzunehmen und daraus neue Zellen aufzubauen. Diese Fähigkeit geht an manchen Theilen des Körpers noch weiter. So hat man beobachtet, dass ein sechster Finger, der sich abnormer Weise bei einem Menschen fand, nach vollkommener Entfernung sich neu bildete. Die Zellen am Grunde des Fingers haben also nicht nur die Fähigkeit neue Zellen zu liefern, sondern sie können diese sogar in bestimmter Reihenfolge und Zahl erzeugen, so dass ein neuer Finger mit Nagel entsteht. Sehr verbreitet ist diese Eigenschaft bei niedern Thieren, wo ganze Beine u. s. w. ersetzt werden. Die niedrigsten Thiere kann man sogar, wie theilweise auch die Pflanzen in zwei oder mehrere Theile zerlegen, von denen jeder nach einiger Zeit die Gestalt des Ganzen wieder annimmt. — Ihren Gipfelpunkt erreicht diese Fähigkeit bei der Entwicklung eines neuen Individuums aus einer Eizelle. Die eine Zelle hat hier die Fähigkeit bei Zufuhr von Nahrung einen ganzen Organismus abzusondern, der

genau die Beschaffenheit des mütterlichen Organismus besitzt.[1]
So complicirt auch immer der Vorgang ist, die allmählichen Ueber-
gänge weisen entschieden darauf hin, dass auch er seine Ursache
in der oben erkannten chemischen Eigenthümlichkeit der Moleküle
hat. Ernährung, Fortpflanzung und Entwicklung wird also im
Grunde genommen dasselbe sein.

Fragen wir uns nun, ob es nöthig oder vortheilhaft ist, dass
diese materiellen Vorgänge von geistigen Vorgängen begleitet werden.
— Wir wissen allerdings, dass bei uns die Aufnahme von Nahrung
ein gewisses Wohlbefinden oder Lustgefühl erzeugt, und dass der
Mangel an Nahrung ein Unlustgefühl, den Hunger zur Folge hat.
Diese Gefühle treiben uns zum Essen und sind deshalb nützlich.
Anders ist es bei den Pflanzen. Sie sind von ihrer Nahrung vollkommen eingeschlossen. Mit ihren Wurzeln nehmen sie Bestandtheile des Bodens auf, die in ihrem Bereiche sind, ihre Hauptnahrung
aber sind die Bestandtheile der Luft. Bewegungen brauchen sie
nicht zu machen, um Nahrung zu erreichen, meistens haben sie
sogar Ueberfluss daran. Die chemischen Vorgänge der Nahrungsaufnahme oder Assimilation treten hier also vollkommen gesetz-
mässig und unverändert ein, ohne Zuthun der Pflanze. Es könnte
aber trotzdem ein gewisses dunkles Lust- oder Unlustgefühl vorhanden sein. Sehr unbestimmt könnte dasselbe allerdings nur sein;
denn um geistige Vorgänge zu ermöglichen, wie sie bei höheren
Thieren vorkommen, ist Gehirnmasse in grösserer Menge erforderlich. Von Ueberlegung würde man z. B. keineswegs sprechen können,
da die Ueberlegung sogar manchen recht vollkommen entwickelten
Thieren fehlt. Man hat das durch Versuche festgestellt. Es kann
sich nur um ein dunkles Gefühl handeln, welches an Moleküle, die
sich zerstreut in der Pflanze finden, gebunden ist. — Wir können
in der That nicht den geringsten Vortheil erkennen, den ein solches
Gefühl haben würde. Moleküle, die ein Gefühl ermöglichen, müssten
aber immerhin erhalten werden, folglich wäre eine vollkommen
überflüssige Ausgabe constatirt, die dem Gesetz der Sparsamkeit
widerspricht. — Den Pflanzen müssen wir also psychische Vorgänge
absprechen.

Wir kommen jetzt zu einer Erscheinung, die bei Thieren allgemein verbreitet ist, ich meine die eigene Bewegung. An uns

---

[1] A. Weismann, Die Continuität der Keimplasma's. Jena, 1885.

selbst können wir willkürliche und unwillkürliche Bewegungen unterscheiden. Zu den letzteren gehört z. B. das Schliessen der Augen, wenn sich ein Gegenstand denselben nähert. Im Allgemeinen ist es bei uns schwer zwischen beiden eine scharfe Grenze zu ziehen. Da nun ausserdem die unwillkürlichen Bewegungen bei uns sogar im Schlafe meistens von einem dumpfen Bewusstsein begleitet sind, so nimmt man gewöhnlich an, dass alle Bewegungen im Thierreich mit Bewusstsein verbunden sind. Dieser Schluss liegt um so näher, .da unsere unbewussten Bewegungen grösstentheils durch häufige Wiederholung bewusster Handlungen entstanden sind, also sogenannte Gewohnheitsbewegungen sind. Ein geübter Schwimmer braucht nicht an die einzelnen Bewegungen zu denken, die zum Schwimmen nötbig sind. Der Anfänger dagegen hat alle Aufmerksamkeit auf sie zu richten. Noch viel weniger braucht man an die Bewegungen beim Gehen zu denken.

Allein nicht überall in der Thierwelt sind die unwillkürlichen Bewegungen so entstanden. Sie kommen nämlich schon bei Thieren vor, die auf einer so niedrigen Stufe stehen, dass von Ueberlegung nachweislich nicht die Rede sein kann. — Die Glockenthierchen sind einzellige also sehr einfach gebaute Thiere, die gewöhnlich baumförmig zu einer Gruppe mit einander verwachsen sind. Nervensubstanz kann man bei ihnen mikroskopisch nicht nachweisen. Berührt man sie mit einem festen Gegenstand, so zieht sich der ganze Stock zu einem dichten Haufen zusammen und entzieht sich dadurch der zerstörenden Wirkung des fremden Körpers. Aehnliches kommt auch bei den Pflanzen vor. Berührt man die obere Blattfläche einer sogenannten Venus-Fliegenfalle (*Dionaea*), so klappt das Blatt zusammen. Eine Fliege kann durch diese Bewegung gefangen werden und der Pflanze dann zur Nahrung dienen. Von einer willkürlichen Bewegung kann natürlich nicht die Rede sein, da die Pflanze sich jedem festen Körper gegenüber gleich verhält. — Wir können uns derartige Erscheinungen auch vollkommen chemisch und physikalisch erklären, ohne das Bewusstsein heranziehen zu müssen.

Ueberall in der organischen und anorganischen Welt muss auf eine Berührung eine Bewegung der berührten Theile erfolgen. Die Bewegung des einen Körpers überträgt sich einfach auf den andern. Die neue Bewegung wird gewöhnlich entweder ebenfalls eine Ortsveränderung sein, oder, wenn der Körper unbeweglich ist, wird Wärmebewegung entstehen. Es kann aber auch eine chemische

Umsetzung durch die Berührung eingeleitet werden, welche ihrer-
seits eine Bewegung der erstern Art zur Folge hat. In einem
solchen Falle kann die neuerzeugte Bewegung im Verhältniss zum
Reiz ausserordentlich stark sein: Berührt man trockenen Jodstick-
stoff (NJ_3) nur äusserst schwach mit einem festen Körper, so
explodirt er. Befindet er sich bei der Explosion in einem geschlosse-
nen Gefässe, so werden die Wände desselben mit ausserordentlicher
Gewalt auseinander geworfen. Die geringe Bewegung des berühren-
den festen Körpers erzeugt also eine sehr bedeutende Kraftwirkung.
Die chemische Verbindung ist gleichsam eine aufgespeicherte Kraft.
Man kann dieselbe vergleichen mit einer Kugel, die auf einer Spitze
von geringer Ausdehnung zum Ruhen gebracht ist. Die leiseste
Bewegung genügt auch hier, die Kugel zum Fallen zu bringen und
eine bedeutende Kraft zu erzeugen.

Da sich Pflanzen und niedere Thiere den Berührungen aller
festen Körper gegenüber gleich verhalten, so dürfen wir wohl annehmen, dass ihre Reflexbewegung ebenfalls auf einem chemischen
oder physikalischen Vorgang der obigen Art beruhe. Es fragt sich
aber wieder, ob vielleicht neben den chemischen Umsetzungen ein
dumpfes Bewusstsein einherläuft. — Da die Bewegung in einem
rein körperlichen Vorgange ihre vollkommene Erklärung findet, da
wir wenigstens aus einem psychischen Vorgange einfachster Art
absolut keinen Nutzen ersehen können, so widerspricht die Annahme
dem Gesetz der Sparsamkeit. Wir müssen also schliessen, dass kein
psychischer Vorgang vorkomme.

Der Reiz, der die Reflexbewegung bei niedern Thieren und
Pflanzen auslöst, kann auch in Schall- und Lichtwellen bestehen.
Werden einzelne Theile für die Aufnahme derartiger Reize besonders
geeignet, so haben wir das erste Auftreten der Sinnesorgane vor
uns. Auch die Fähigkeit der Contraction kann sich auf bestimmte
Theile concentriren. Es wird dadurch eine gleiche Wirkung mit
geringerem Stoffverbrauch erreicht. Alles dies ändert in unseren
Schlüssen nichts. Geistige Vorgänge bleiben überflüssig. Es kann
sich sogar das contrahirbare Gewebe, der Muskel von der Stelle
des Reizes entfernen, ohne dass dadurch ein geistiger Vorgang
nöthig würde. Es braucht sich dann nur eine Bahn einzuschalten,
durch welche die Reizbewegung an den Muskel übermittelt wird.
Als Beispiel eines einfachen Thieres mit Sinnesorganen, Muskeln
und Nerven nenne ich die Qualle. Die Erfahrung lehrt, dass sie

trotzdem keine Spur von Ueberlegung oder Instinct zeigt. Psychische Vorgänge werden ihr also wohl vollkommen abgehen, da ein dunkles Gefühl ihr in keiner Weise nützen würde.

Bisher haben wir angenommen, dass sich der Organismus allen Reizen gegenüber gleich verhalte, indem jedesmal eine Contraction erfolgt. Dies trifft nicht genau zu. Schon die Pflanzen verhalten sich einer Flüssigkeit gegenüber anders als bei Einwirkung eines festen Körpers. So werden die Blätter des Sonnenthaus (*Drosera*) durch die Regentropfen nicht veranlasst sich zusammenzulegen, sondern nur durch feste Körper. Genau dasselbe gilt aber für anorganische, explodirbare Körper: Sie werden nur durch die Berührung eines h a r t e n Gegenstandes zum Explodiren gebracht. Diese scheinbare Fähigkeit der Unterscheidung hindert uns also nicht, den Vorgang mechanisch zu erklären.

Es ist jetzt noch einer Bewegung zu gedenken, die ohne äussern Reiz unaufhörlich stattfindet und zwar unter denselben Umständen immer genau in derselben Weise. Dahin gehören die Flimmerbewegungen der Infusorien, die entweder dazu dienen, Nahrung herbeizustrudeln oder eine Ortsbewegung zu bewirken. — Es liegt durchaus kein Grund vor, diese Bewegungen anders als mechanisch erklären zu wollen. Durch die Aufnahme von Nahrung muss eine fortdauernde Strömung der Säfte veranlasst werden, eine Bewegung, die, anstatt sich aufzuspeichern, wie es in den bisher betrachteten Fällen geschah, auch sofort eine neue Bewegung erzeugen kann. Zu dieser Art von Bewegungen gehören auch die Saftströmungen der Pflanzen. Auch sie lassen sich bis ins Einzelne hinein mechanisch erklären.

5. Die geistigen Vorgänge.

Von den niedrigsten Thieren wenden wir uns in unserer Betrachtung jetzt gleich einem ziemlich hoch organisirten Thiere, der Spinne zu.

Die Spinnen nähren sich hauptsächlich von Fliegen. Manche Arten beschleichen ihr Opfer, um es in einem Sprunge zu haschen, andere spinnen ein Fangnetz und warten ab, dass eine Fliege sich darin verstrickt. — Die Bienen und Wespen sind z. Th. den Fliegen sehr ähnlich, und dennoch werden sie von den meisten Spinnen durchaus gemieden, weil sie in ihrem Giftstachel eine sehr gefährliche Waffe besitzen. Die Furcht vor ihnen ist den Spinnen angeboren, denn eine junge Spinne weicht schon der ersten Biene oder Wespe ängstlich aus. Man könnte glauben, dass sie den Stachel sieht, und durch diesen zu der Furcht veranlasst wird. Allein auch wespen- oder bienenähnliche Fliegen werden gefürchtet. Es muss also wohl die allgemeine Gestalt oder Farbe Anlass zur Furcht sein. — Suchen wir uns die genannten Erscheinungen nun, so gut es geht, mechanisch zu erklären

Das Bild, welches die Fliege, ein geflügeltes Insekt mit sechs Beinen, im Auge der Spinne erzeugt, möge ein Reiz sein, der, durch Nerven zu gewissen Muskeln fortgeleitet, mechanisch die Bewegungen erzeugt, welche die Spinne der Fliege nähern. Bei der Annäherung wird das Bild im Auge grösser. Hat es eine bestimmte Grösse (oder Deutlichkeit) erreicht, so nehmen wir an, dass wieder ganz mechanisch andere Muskeln zu Contractionen veranlasst werden, welche einerseits einen Sprung und andererseits die nöthigen Bewegungen der Fresswerkzeuge bewirken. Der Vorgang wäre allerdings sehr complicirt, allein man könnte ihn sich allenfalls mechanisch vorstellen.

Eine Wespe unterscheidet sich von einer Fliege durch gelbe Ringe am Hinterleib. — Versucht man nun zunächst, welche Wirkung die gelbe Farbe bei der Spinne hat, indem man ein Stückchen gelbes Papier in ihre Nähe bringt. Man findet, dass die Farbe durchaus keinen Eindruck auf sie macht. Wir müssten also schliessen, wie folgt: Das schwarze Insekt zieht die Spinne heran; die gelbe Farbe ist ohne Wirkung; folglich muss beides vereinigt die Spinne anziehen. — Das trifft aber nicht zu. Die Zusammenstellung bewirkt vielmehr, dass die Spinne zurückweicht. Es tritt hier eben etwas auf, was sich nicht unter mechanische Gesetze bringen lässt, das Gefühl des Angenehmen oder Unangenehmen, der Lust oder Unlust. Ein Insekt ohne gelbe Hinterleibsringe erzeugt bei den Spinnen Lustgefühl und wird gefressen, eins mit gelben Ringen erzeugt Ekel oder Unlustgefühl und wird deshalb gemieden. Eine Unterscheidung auf mechanischem Wege würde hier vollkommen unmöglich sein und deshalb ist ein psychischer Vorgang für das Thier in der That von grossem Nutzen. — Das Gehirn, der Sitz psychischer Vorgänge musste sich bei Thieren entwickeln, die sich speciellern äussern Verhältnissen anpassen sollten oder, was dasselbe ist, die sich höher entwickeln sollten. Wie sich das Lust- und Unlustgefühl durch die natürliche Zuchtwahl immer weiter ausbilden konnte, ist leicht einzusehen. Diejenigen Thiere, welche eine Vorliebe für Fliegen und eine Scheu vor den Wespen zeigten, blieben immer in grösserer Zahl erhalten und vererbten Vorliebe und Scheu auf ihre Nachkommen.

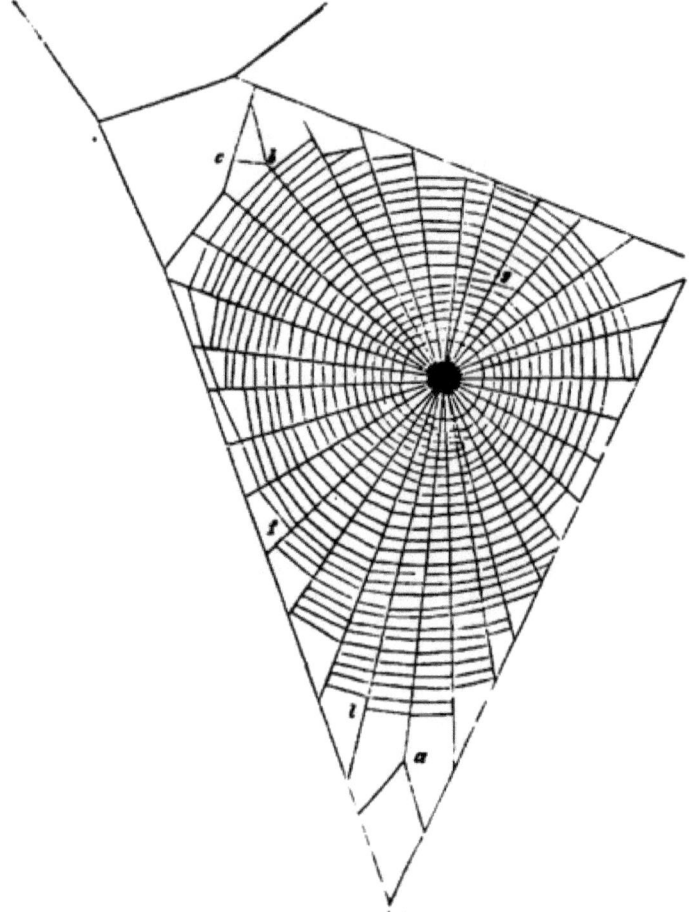

Fig. 6. Das Radnetz einer Spinne.

Um uns die mechanische Unerklärbarkeit des Lust- und Unlustgefühls zum Verständniss zu bringen, wähle ich ein Beispiel aus unserer eigenen Erfahrung: — Ein bestimmter, reiner Ton ist für unser Gehör angenehm. Ebenso ein zweiter Ton, der um einige

Schwingungen höher ist, vorausgesetzt, dass man ihn allein hört.
Dagegen sind beide neben einander unangenehm. Die physikalische
Ursache der Disharmonie wissen wir recht wohl. Warum sie uns
aber unangenehm ist, das können wir uns nicht mechanisch erklären. Es ist eben eine Thatsache im Seelenleben. Für diejenigen Leser, die nicht musikalisch sind, nenne ich hier ausserdem
den Ekel, den auch wir vor manchen Thieren besitzen, ohne einen
genügenden Grund für diesen Ekel angeben zu können.

Ausser der instinctiven Furcht vor schädlichen Einflüssen
wollen wir zunächst noch eine andere Seite des Instinctes kennen
lernen. Als Beispiel wähle ich die Herstellung des eigenthümlichen,
radförmigen Fangnetzes der Radnetzspinnen (Fig. 6). Dass dies eine

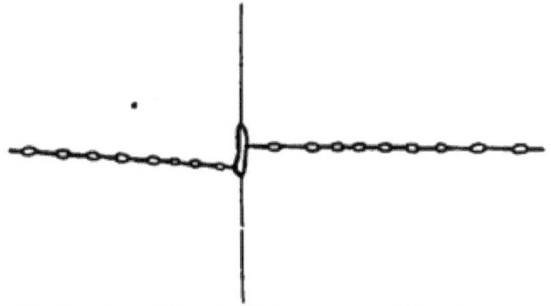

Fig. 7. Der Fangfaden des Spinnennetzes 600 mal vergrössert.

angeborene Fertigkeit ist, unterliegt keinem Zweifel, da eine
junge Spinne, die noch nie ein Netz gesehen hat, gleich ihr erstes
Gewebe mit derselben Geschicklichkeit herstellt, wie spätere.[1]) —
Es wird zunächst ein Rahmen construirt, dann werden die strahlen-
förmig nach allen Richtungen verlaufenden Speichen oder Radien
gezogen. Gleichzeitig mit den Radien entsteht eine kleine dichte
Decke in der Mitte. Jedesmal, wenn eine Speiche gezogen ist,
macht die Spinne nämlich einige bindende Querfäden um den Mittel-
punkt. Sind die Speichen fertig, so wird eine zusammenhängende
Spirale von innen bis an den äussern Rahmen gesponnen. Diese
Spirale bleibt indessen nicht stehen, sondern dient nur bei der
weitern Arbeit als Brücke. Zum Fange dient erst eine zweite,
dichtere Spirale, die vom äussern Rahmen bis fast zur innern Decke

---

[1]) Man vergl. Vierteljahrsschrift für wissenschaftl. Philosophie Bd. IX.
wo ich Ausführlicheres über diesen Instinct mitgetheilt habe.

gezogen wird. Sie besteht aus einem elastischen Faden, der mit klebrigen Tröpfchen besetzt ist (Fig. 7). Bei der Herstellung dieser letzteren Spirale, (die übrigens in den äussern Ecken aus unvollständigen Umgängen besteht) wird die erstere wieder zerstört. Das Netz ist bei allen Spinnen derselben Art gleich. Bei einer andern, verwandten Art besitzt es z. B. die Eigenthümlichkeit, dass ein Sector freigelassen wird (Fig. 8). Jedesmal, wenn die Spinne bei Herstellung der Spirale an diesen Sector gelangt, kehrt sie um.

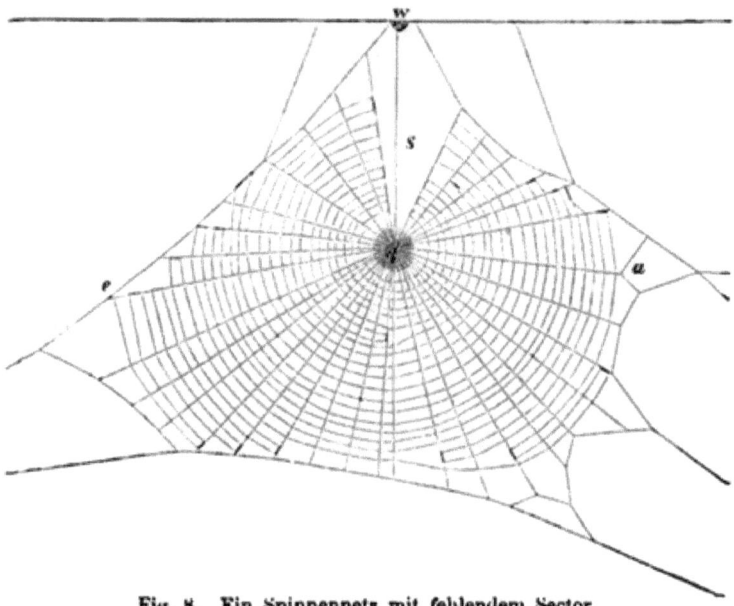

Fig. 8. Ein Spinnennetz mit fehlendem Sector.

Vor dem leeren Sector errichtet sie sich eine Wohnung, die durch einen Signalfaden mit der mittleren Decke verbunden ist. — Schon aus der Complicirtheit des Netzes erkennt man, dass die Herstellung sich nicht etwa aus dem Bau der Spinne mechanisch wird erklären lassen. Wir haben vielmehr auch hier einen geistigen Vorgang vor uns, eine Vorliebe für eine bestimmte Form des Netzes oder richtiger wohl eine Vorliebe für eine bestimmte Art der Bewegung bei der Herstellung.

Die beiden hier betrachteten, verschiedenen Seiten des Instinctes entsprechen den beiden Arten der Bewegung, die wir bei niedern

Thieren als Reflexbewegung und automatische Bewegung unterscheiden konnten. Hinzu kommt hier in jedem Falle ein geistiger Vorgang, der die Bewegung in einer bestimmten Weise regelt:

Bei den niedrigsten Thieren wird jeder kleine Gegenstand, der den Körper berührt, aufgenommen. Eine Amöbe umfliesst z. B. alle kleinen Gegenstände, die ihr in den Weg kommen, in derselben Weise, gleichgültig, ob sie löslich sind und als Nahrung dienen können oder nicht. Lösen sie sich nicht, so werden sie mit den Resten löslicher Gegenstände unverändert wieder ausgeschieden. — Bei den höheren, mit Instinct begabten Thieren haben dagegen nicht alle Reize die Reflexbewegungen der Aufnahme zur Folge, sondern nur bestimmte Combinationen von Reizen, welche ein Esslustgefühl erregen.

Die Herstellung des Gewebes entspricht der automatischen Bewegung niederer Thiere. Das Spinnen überhaupt, d. h. die Absonderung von Spinnstoff kann man sehr wohl als einfachen chemischen Vorgang auffassen. Die bestimmte Form des Netzes dagegen und ebenso der Umstand, dass die Spinne nur dann spinnt, wenn sie kein Netz hat, lässt sich nur psychisch erklären.[1])

Die geistigen Vorgänge bei der Spinne stehen schon auf einer recht hohen Stufe der Ausbildung. Zwischen ihr und der Qualle existirt eine ganze Reihe von verschiedenen Entwicklungsstufen, auf die wir hier nicht näher eingehen können. Das Geistige trat natürlich nicht plötzlich in voller Ausbildung auf, sondern es entwickelte sich ganz allmählich wie die Gehirnmasse, an die es gebunden ist. Wo wir eine Auswahl in der Nahrung wahrnehmen, da dürfen wir

---

[1]) Wenn man einmal angefangen hat, Thatsachen aus der organischen Welt mechanisch zu erklären, so wird es schwer sich von dieser Erklärungsweise loszumachen. So sucht z. B. Spencer in seinen sonst so geistreichen Entwicklungen sich den Instinct klar zu machen, und verfällt dabei in den Fehler, complicirte Reflexhandlungen mit Instincten zu verwechseln. (Die Principien der Psychologie, Uebers. Bd. I. p. 451 ff.) Er leugnet das Bewusstsein bei Instincthandlungen und nennt sie auch geradezu complicirte Reflexhandlungen.

Romanes (Mental evolution in animals, London 1883) weist mit Recht darauf hin, dass wir einen gewissen Grad von Bewusstsein voraussetzen müssen. Er glaubt aber kein sicheres Kriterium zwischen Reflexhandlungen und instinctiven Handlungen aufstellen zu können und kommt deshalb zu dem irrthümlichen Schlusse, dass auch bei insektenfressenden Pflanzen vielleicht ein geringer Grad von Bewusstsein vorausgesetzt werden müsse. Ich habe gezeigt, dass dies der lex parsimoniae in der Natur widersprechen würde.

die ersten psychischen Vorgänge voraussetzen, zunächst allerdings noch in einer hervorragenden Weise von mechanischen Vorgängen unterstützt. — Das allmähliche Auftreten berechtigt keineswegs zu dem Schlusse, dass der Geist in einer unmerklichen Weise überall mitwirke. Wie wir uns einen Körper denken können, der die sämmtlichen blauen Lichtstrahlen absorbirt und in Wärmebewegung umsetzt, und wie wir von einem solchen Körper ausgehend eine zusammenhängende Reihe bis zu dem intensivst blauen Körper darstellen können, so werden auch alle verschiedenen Stufen in der Ausbildung der psychischen Vorgänge in der organischen Welt möglich sein.

Nachdem erst Lust- und Unlustgefühle vorhanden waren, konnten sie auch für andere Zwecke zur Verwendung kommen. — Durch das Auftreten des Hungers, eines Unlustgefühles, das sich bei Nahrungsmangel einstellt, wurde es möglich, dass Thiere auch da noch existiren konnten, wo die Nahrung nicht gerade im Ueberfluss vorkam und deshalb ihre Erlangung mit gewissen Schwierigkeiten verknüpft war. Der Hunger treibt das Thier Nahrung aufzusuchen. Ebenso dürfte z. B. eine Spinne durch ein Unlustgefühl, welches infolge einer Anhäufung von Spinnstoff entsteht, zum Spinnen eines Gewebes veranlasst werden. Es gilt überhaupt die Regel, dass das Auftreten ganz bestimmter Unlustgefühle zur Verwendung ganz bestimmter Organe antreibt. Manche Gegenstände können zur Befriedigung verschiedener Unlustgefühle dienen. In einem solchen Falle entscheidet die Stärke der betreffenden Unlustgefühle. — Beim Anblick eines Männchens ist z. B. bei der weiblichen Spinne gewöhnlich der Geschlechtstrieb ausschlaggebend. Ist indessen der Hunger stärker als der Geschlechtstrieb, was bei den Spinnen häufig vorkommt, so wird das Männchen ergriffen und verzehrt.

Der Geschlechtstrieb ist überall da nothwendig, wo Thiere zur geschlechtlichen Fortpflanzung einander aufsuchen müssen. Ueberall also, wo wir ein Aufsuchen von Nahrung einerseits und von Thieren der gleichen Art zur geschlechtlichen Befruchtung andererseits nachweisen können, haben wir damit Triebe, d. h. geistige Vorgänge sicher constatirt.

Wir haben bei Betrachtung der natürlichen Zuchtwahl gesehen, dass der Organismus eines Thieres nicht nur von vornherein äusserst zweckmässig gebaut ist, sondern auch die Fähigkeit besitzt, sich an denjenigen Organen, welche das Individuum in einer bestimmten

Weise gebraucht, zu vervollkommnen, kurz, sich den speciellen Verhältnissen des Individuums anzupassen. — Genau ebenso ist es mit dem Instincte: Einerseits ist er schon von vorn herein den Verhältnissen angepasst, andererseits aber ist er so beschaffen, dass sich durch den Gebrauch neue Lust- und Unlustgefühle entwickeln können. Man spricht in diesem Falle von Erfahrungen. Je höher die geistige Entwicklung eines Thieres ist, um so bedeutender sind die Anpassungen während des Lebens des Individuums. Lust- und Unlustgefühle müssen nur dann immer als angeborene bestehen bleiben, wenn eine Erfahrung nicht möglich ist. So könnten z. B. die Spinnen den Giftstachel und dessen Wirkung nicht durch Erfahrung kennen lernen. Ungeniessbare Thiere, die nicht gefährlich sind, lernen sie in der That erst durch Erfahrung unterscheiden. Eine Springspinne pflegt z. B. Käfer mit einer zu harten Schale zu betasten, hat sie sich von der Festigkeit seiner Schale überzeugt, so kümmert sie sich nicht mehr um ihn. Alle kleinen, sich bewegenden Thiere mit Ausnahme der Bienen und Wespen werden also zunächst wohl ein Verlangen sie zu packen und zu verzehren bei der Spinne erwecken. Erst später, wenn sie die Ungeniessbarkeit gewisser Formen durch Erfahrung kennen gelernt hat, tritt das Gefühl nur dann auf, wenn die Thiere wirklich geniessbar sind. — Im vorigen Frühling beobachtete ich, wie die Blüthen der Taubnessel (*Lamium purpureum L.*) und Gundelrebe (*Glechoma hederacea L.*) von Honigbienen (*Apis mellifica L.*) besucht wurden. Die Blumenröhre der Taubnessel ist aber für den Rüssel der Honigbiene zu lang. Trotzdem sah ich, dass Bienen, die ich an der frischen Farbe ihrer Behaarung als jüngere erkannte, sich auch auf Taubnesselblüthen setzten und einen Augenblick zu saugen versuchten, während ältere, schon abgeriebene durch den geringen Unterschied der Farbe veranlasst wurden ausschliesslich die Blüthen der Gundelrebe zu besuchen. Durch Erfahrung hatten sie also schon erlernt, dass die andern Blüthen für sie ungeniessbar seien. Der Vortheil, den die Erfahrung gewährt, ist leicht zu erkennen. Durch sie kann sich ein Thier seiner speciellen Umgebung anpassen, während der reine Instinct auch für alle ungeniessbaren Gegenstände, die nicht in der Umgebung vorkommen, ein Unlustgefühl liefern müsste. Jedem Unlustgefühl entspricht aber, da es ein geistiger Vorgang ist, ein körperlicher Vorgang, folglich würde eine Menge Nahrung unnöthig verwendet werden müssen.

Gleichzeitig mit der Erfahrung musste sich natürlich die Erinnerung ausbilden, die bei angebornem Lust- und Unlustgefühl überflüssig ist.

Die Erfahrung ist im Grunde genommen derselbe Vorgang, den wir bei höheren Thieren und namentlich beim Menschen Schlussfolgerung nennen. Hat die Biene die Erfahrung gemacht, dass eine Anzahl purpurner Blüthen ungeniessbar sind, so schliesst sie daraus, dass es auch alle andern sind, die ebenso aussehen, oder richtiger, dass die Ungeniessbarkeit mit der purpurnen Farbe verbunden ist. Es ist allerdings ein gewaltiger Schritt von diesen einfachsten Vorgängen bis zu den complicirten Schlussformen des Menschen, allein es ist nur ein Unterschied des Grades. Jedes Thier, welches Erfahrungen macht, besitzt also im Grunde genommen schon Verstand. Natürlich werden Thiere nur solche Schlüsse zu machen vermögen, die für ihre Erhaltung nothwendig sind.

6. Die Entstehung der Erde.

Es ist vielfach behauptet worden, der Darwinismus leide an dem grossem Mangel, dass er das Auftreten der ersten lebenden Wesen nicht zu erklären vermöge. Wir dürften jetzt wohl genügend vorbereitet sein, um uns mit dieser Frage, die eigentlich in den ersten Abschnitt hineingehört, beschäftigen zu können. Ich will gleich von vornherein bemerken, dass eine Hypothese, die mit keinem Naturgesetz in Widerspruch steht, das Höchste ist, was wir in diesem Punkte erreichen können. Es handelt sich für uns aber auch nur um die Möglichkeit einer Urzeugung, und die glaube ich dem Leser nachweisen zu können. Ob sie bis ins Einzelne hinein genau so stattgefunden hat, wie wir es uns denken, das lassen wir vollkommen dahingestellt sein. — Haben wir die Möglichkeit der Urzeugung nachgewiesen, so dürfen wir an der Darwinschen Lehre festhalten, aber auch nur dann.

Zunächst muss es unsere Aufgabe sein, uns der wahrscheinlichen Entstehung unseres Weltkörpers, der Erde zu erinnern, um die Verhältnisse kennen zu lernen, unter denen das erste Leben aufgetreten sein wird.[1]

---

[1] In Betreff des Einzelnen muss ich auf ausführliche Werke der populären Astronomie verweisen z. B. auf: Mädler, Wunderbau des

Die Erde ist ein Planet der Sonne. Sie umkreist ihren Centralkörper jährlich einmal und dreht sich dabei täglich einmal um ihre
Achse. In 29½ Tagen wird sie von ihrem Trabanten, dem Mond
umkreist. Derselbe kehrt ihr abwechselnd seine erleuchtete Seite
ganz oder theilweise oder auch seine nicht von der Sonne beschienene
Seite zu. — So weit hat schon Copernicus im 15. Jahrhundert
die Sache richtig erkannt. Ueber die Beschaffenheit der Himmelskörper dagegen wusste man, abgesehen von unserer Erde, bis in
die neueste Zeit hinein nichts Sicheres anzugeben. Erst nachdem
Kirchhoff im Jahre 1861 die Anwendung der Spectralanalyse auf
diesem Gebiete bekannt gemacht hatte, konnte man Untersuchungen
in dieser Richtung machen.

Lässt man das weisse Licht eines glühenden Körpers durch
einen engen Spalt und dann durch ein dreiseitiges Glasprisma
treten, so wird es durch das Prisma von der graden Richtung abgelenkt und zugleich in die verschiedenen Regenbogenfarben, violet,
indigo, blau, grün, gelb, orange und roth zerlegt. Licht von verschiedener Wellenlänge wird nämlich verschieden stark durch
das Glasprisma abgelenkt. Nimmt man statt des weissglühenden
Körpers ein glühendes Gas, so findet man, dass dasselbe nur Strahlen
von ganz bestimmter Wellenlänge, d. h. von ganz bestimmter Farbe
aussendet. Das Farbenband oder Spectrum ist deshalb dunkel und
zeigt nur einzelne helle Streifen in einer oder in verschiedenen
Farben. Das glühende Natriumgas zeigt z. B. nur einen gelben
Doppelstreifen, woraus man ersieht, dass es ausschliesslich gelbes
Licht entsendet. Manche Gase liefern allerdings eine Menge heller
Streifen über das ganze Farbenband, aber stets befinden sich diese
an ganz bestimmten Stellen, die für das Gas charakteristisch sind.
Das Spectrum von Eisendampf, das man durch Verflüchtigung gewisser Eisenverbindungen im electrischen Lichte erhält, besitzt z. B.
über 500 helle Linien, die alle ihre bestimmte Lage haben und
mehr oder weniger stark leuchten.

Man sieht sofort ein, dass glühende Gase, die sich irgendwo
im Weltraum befinden, sich leicht von glühenden festen Körpern
unterscheiden lassen.

Weltalls. Besonders möchte ich auf eine kleine, sehr interessante Schrift:
Du Prel, Entwicklungsgeschichte des Weltalls (Leipzig, 1882) aufmerksam
machen.

Aber noch weiter. Lässt man das weisse Licht eines glühenden Körpers zunächst durch ein glühendes Gas treten und zerlegt es darauf in ein Farbenband, so sieht man, wie vorher, das Farbenband des leuchtenden festen Körpers vollständig. Nur an den Stellen, an denen das Gas allein helle Streifen zeigte, befinden sich jetzt in dem zusammenhängenden Spectrum dunkle Streifen. Das glühende Gas löscht also eigenthümlicher Weise in einem hellen Spectrum gerade die Farben aus, die es selbst erzeugt.

Aus dieser neuen Thatsache ersieht man, dass im Weltraum leuchtende feste Körper mit darüber befindlichen, glühenden Gasen stets als solche erkannt werden können, da sie ein zusammenhängendes Farbenband liefern müssen, das von feinen, dunklen Linien durchsetzt ist. Ein Beispiel liefert uns unter vielen andern die Sonne. In ihrem Spectrum befinden sich die sogenannten Frauenhoferschen, dunklen Linien. Diese Linien stimmen in ihrer Lage und Stärke genau mit den Spectren irdischer Stoffe überein. Beispielsweise fallen 460 Eisenlinien genau mit ebenso vielen dunklen Linien im Sonnenspectrum zusammen. Man kann also wohl mit absoluter Gewissheit behaupten, dass sich Eisendämpfe in der Sonnenatmosphäre befinden. — Aehnlich ist es mit den Fixsternen; auch ihr Spectrum zeigt dunkle Linien. Die Spectra der verschiedenen Sterne weichen aber etwas von einander ab, schon deshalb, weil ihre Temperatur verschieden hoch ist. Je nach der Temperatur befinden sich natürlich Gase in der Atmosphäre, die sich mehr oder weniger leicht verflüchtigen lassen. Im Uebrigen ergeben die Beobachtungen an Fixsternen, dass sie, wenigstens der Hauptmasse nach, ebenfalls aus den Elementen bestehen, die unsere Erde zusammensetzen.

Körper, die kein eigenes Licht besitzen, sondern nur das Sonnenlicht zurückwerfen, zeigen natürlich genau das Spectrum der Sonne. Besitzen sie indessen eine Atmosphäre wie unsere Erde, so werden noch gewisse neue Farbenstreifen ausgelöscht. Man kann den Einfluss der Erdatmosphäre auf das Spectrum beobachten, wenn man die Sonne am Mittag und bei niedrigem Stande spectroskopisch untersucht und beide Resultate vergleicht. Bei niedrigem Stande muss das Sonnenlicht auf eine weit grössere Strecke die Atmosphäre durchdringen.

Ueber die Entstehung unsers Planetensystems hat schon Kant und nach ihm Laplace eine Theorie aufgestellt, die durch die Resultate der Spectralanalyse vollkommen bestätigt wird und deshalb sehr erheblich an Wahrscheinlichkeit gewonnen hat. Die Spectralanalyse hat sie bestätigt, indem sie alle Entwicklungszustände, die nach jener Theorie die Erde durchlaufen haben muss, im Weltraum direct nachweist.

Die Sonne mit ihren Planeten war ursprünglich eine sehr ausgedehnte, zusammenhängende Masse feinzertheilter, glühender Gase, die sich in rotirender Bewegung befand. Durch Ausstrahlung von Wärme in den Weltraum kühlte sich diese Masse ab und ballte sich infolge dessen vermöge der Wirkung der Schwere immer weiter zusammen. — Massen glühender Gase sind auch jetzt noch im Weltraum vorhanden. Man kennt sie als sogenannte Nebelflecke, die das Spectrum glühender Gase geben im Unterschied von andern Nebelflecken, welche aus dicht gedrängten, schwach sichtbaren Sternen bestehen.

Je mehr sich die Gasmasse zusammenballte, um so schneller musste die Umdrehung werden. Man kann sich von der Wahrheit dieses Satzes leicht überzeugen, indem man einen Stein an einen Faden befestigt und ihn im Kreise schwingt. Sobald der Faden sich um den Finger wickelt und dadurch kürzer wird, wird die Umdrehung rascher. Zugleich aber wird die Kraft, mit welcher der Stein fortzufliegen sucht, grösser, und der Faden schnürt sich deshalb immer tiefer in den Finger ein. — Der äussere Theil der Gasmasse suchte sich ebenfalls mit immer grösserer Kraft, der Wirkung der Schwere entgegen, von der Hauptmasse abzutrennen. Die Folge war, dass die ganze Masse zunächst die Gestalt einer in der Mitte dickeren Scheibe, eines Rotationssphäroids annahm. — In dieser Scheibenform sieht man viele Nebel am Himmel, theils von der flachen Seite, theils auch von der schmalen Seite in Spindelform erscheinend.

Die Umdrehungsgeschwindigkeit der Scheibe wurde endlich so gross, dass sich die äussersten Theile ringförmig von der mittleren Masse trennten. — Auch diese Form einer hellen runden Nebelmasse von einem Ringe umgeben kann man am Himmel beobachten.

Die Abtrennung von Ringen wiederholte sich, so oft die Umdrehungsgeschwindigkeit wieder zu stark wurde. — Der Ring strahlte wegen seiner verhältnissmässig grossen Oberfläche um so schneller Wärme in den Himmelsraum aus und seine Theilchen ballten sich infolge dessen noch schneller zusammen. Seine Masse

wird indessen in der Regel nicht genau gleichmässig nach allen
Seiten hin vertheilt gewesen sein, sie war vielmehr meist an der
einen Stelle dicker als an einer andern. Die dickeren Stellen übten
beim weiteren Zusammenballen eine stärkere Anziehung aus als die
dünneren und der anfängliche Ring musste sich schliesslich an der
verdickten Stelle zu einer rundlichen Masse zusammenballen, die
einerseits die kreisende Bewegung des Ringes um die Centralmasse
beibehielt, und andererseits eine Drehung um ihre eigene Achse annehmen konnte. Als Nebelmasse war der Planet damit fertig.
War die Achsendrehung des neuen Rotationssphäroids stark genug,
so konnte er auch seinerseits bei weiterer Verdichtung einen Ring
absondern, der dann die Masse für einen Mond lieferte. — Schliesslich war die Abkühlung so weit fortgeschritten, dass die Gasmasse
in den feurig-flüssigen Zustand übergehen musste.

In selteneren Fällen konnte sich auch einmal ein Ring absondern, der vollkommen gleichmässig nach allen Seiten vertheilt
war. Die Verdichtung schritt auch dann weiter fort und die Masse
concentrirte sich dabei um mehrere Mittelpunkte, die sich an verschiedenen Seiten befanden. Dieser Fall ist in unserm Planeten-
system einmal vorgekommen, nämlich zwischen den Planeten Jupiter
und Mars. An Stelle eines grösseren Planeten findet man dort viele
kleine, sogenannte Asteroiden. — Anstatt sich zu einer beschränkten
Zahl grösserer Körper zusammenzuballen, konnte ein vollkommen
gleichmässig vertheilter Ring auch zu einer fast unendlich grossen
Anzahl kleiner Körperchen sich verdichten. In diesem Falle müssen
uns die zahlreichen Theilchen auch nach der Verdichtung als ein
zusammenhängender Ring erscheinen. Das einzige Beispiel dieser
Art liefern uns die Ringe des Planeten Saturn.

Durch die fortgesetzte Wärmestrahlung kühlte sich der feurig-
flüssige Planet immer weiter ab. Endlich war die Grenze der Er-
starrung erreicht. Theile, die sich durch ein gewaltiges Aufsprudeln
hoch über die Oberfläche erhoben, machten den Anfang. Sie kehrten
erstarrt zurück und schwammen eine Zeitlang auf der flüssigen Masse
umher, bis sie wieder geschmolzen waren. — Ein solches Stadium
der Entwicklung zeigt uns unsere Sonne. Man sieht auf ihr einerseits Eruptionen von Dämpfen, die sogenannten Protuberanzen und
darauf an derselben Stelle die schwimmenden festen Massen als sogenannte Sonnenflecke.

Die Schlacken nahmen an Grösse sowohl als an Häufigkeit

immer mehr zu, bis endlich dauernde feste Massen auftraten. Zunächst sammelten sich die festen Massen an bestimmten Orten an, während der übrige Theil noch flüssig blieb. — Dieses Stadium zeigen uns die sogenannten veränderlichen Sterne, die uns in regelmässigen Intervallen abwechselnd ihre hellere und dunklere Seite zuwenden.

Schliesslich bildete die feste Masse eine zusammenhängende Kruste über die ganze Oberfläche. Nur hier und dort trat eine Durchbrechung ein, indem sich die aufsprudelnde Flüssigkeit des Innern gewaltsam Bahn brach. Zuweilen fand auch wohl einmal eine grössere Eruption statt, die einen grossen Theil der Oberfläche wieder mit feurig-flüssiger Masse bedeckte. — Diese Erscheinung zeigt sich uns in den neuerscheinenden Sternen, die ziemlich plötzlich aufleuchten, ihre Helligkeit aber in wenigen Tagen wieder einbüssen.

Die feste Kruste wurde immer dicker und die feurigen Ergüsse mussten deshalb immer mehr an Häufigkeit abnehmen. Auch nach dem Festwerden schritt die Abkühlung fort, und damit verbunden die Zusammenziehung. Der äussere Theil der Rinde konnte dabei dem Innern nicht folgen und musste sich deshalb in Falten legen. So entstanden die Bergketten.

Den Anfang in diesem ganzen Vorgange machten natürlich im Allgemeinen diejenigen Planeten, die zuerst abgesondert waren, also die äussersten. Bei kleineren schritt er indessen stets schneller fort. Die innersten Planeten werden sich demnach zunächst noch in leuchtendem Zustande um den Centralkörper bewegt haben. — Wir sehen diese Erscheinung bei den sogenannten Doppelsternen, die sich umeinander bewegen.

Die Rinde der erkalteten Himmelskörper bestand zunächst nur aus Gestein. Da die Gesteinsmassen sehr schwer schmelzbar sind, so erstarrten sie zuerst. Alles Wasser befand sich natürlich noch lange als Wasserdampf in der Atmosphäre, da der Planet noch zu heiss war, um ein Flüssigwerden desselben zu gestatten. — Der Planet Jupiter scheint dieses Stadium noch nicht überschritten zu haben; denn wir sehen ihn immer mit gewaltigen Wolken bedeckt.

7. Die Entstehung der ersten Organismen.[1])

Wir beginnen die Betrachtung dieser schwierigen Frage damit, einige allgemeine Schlüsse auf die Beschaffenheit der ersten Organismen zu machen.

Durch das Erhaltenbleiben der zweckmässigsten Formen im Kampf ums Dasein mussten sich, wie wir oben gesehen haben, die Organismen immer mehr vervollkommnen. Dieses Gesetz gilt überall, also auch für die einzelligen Protozoen, die gewöhnlich als die unvollkommensten Thiere bezeichnet werden. Die bedeutenden Vortheile der höheren Organismen, die darin bestehen, dass für jede Function ein genau entsprechendes Organ vorhanden ist, gehen den Protozoen in der That vollkommen ab. Die Vollkommenheit, vermöge deren sie neben jenen hoch organisirten Thieren fortexistiren können, muss also auf einem andern Gebiete gesucht werden. — Es sind nun allerdings auch bei so einfachen Thieren Vortheile leicht aufzufinden. Zunächst nenne ich die ausserordentlich hochentwickelte Fähigkeit der Assimilation oder Verdauung und damit zusammenhängend die fast unglaublich starke Vermehrung. — Wie wir oben (S. 59) sahen, ist die Fähigkeit Stoff zu assimiliren eine Eigenschaft aller chemischen Verbindungen, allein im Vergleich mit der Assimilation der Protozoen ist diejenige einer einfachen chemischen Verbindung ganz unendlich gering. Den Grund des verschiedenen Verhaltens können wir nur in der Verschiedenheit der Substanzen suchen. Da das Protoplasma, aus welchem die Protozoen bestehen, aus sehr vielen Verbindungen zusammengesetzt ist, so haben wir wohl anzunehmen, dass gerade jene complicirte Mischung organischer Verbindungen für diesen Zweck eine äusserst günstige ist.

Ein zweiter Vortheil, dessen sich die Protozoen höheren Thieren gegenüber erfreuen, ist ihre Kleinheit, vermöge deren sie einerseits eine verhältnissmässig sehr grosse Oberfläche[2]) zur Aufnahme von

---

[1]) Einen Ueberblick über die verschiedenen Theorien der Urzeugung giebt Taschenberg (Die Lehre von der Urzeugung sonst und jetzt, Halle, 1882). Hinzuzufügen wären als neuere Schriften etwa noch Philipp, Ueber Ursprung und Lebenserscheinungen der thierischen Organismen, Leipzig, 1883 und Würth, Beitrag zur Frage der Urzeugung, Wien, 1884.

[2]) Die Oberfläche einer Kugel wächst mit dem Quadrat, der Inhalt mit dem Cubus des Durchmessers; kleine Kugeln haben demnach eine verhältnissmässig grössere Oberfläche.

Sauerstoff etc. besitzen, andererseits aber sich für manche grösseren Thiere nicht zur Nahrung eignen. Die beiden Vortheile, rasche Verdauung und Kleinheit, sind es also, die sich in der sehr langen Zeit, in welcher sich nach einer andern Richtung hin der Mensch entwickeln konnte, immer weiter vervollkommnet haben.

Gehen wir in den beiden genannten Eigenschaften unendlich weit zurück, so kommen wir unwillkürlich auf Massen einfacher organischer Verbindungen. Sie müssten demnach die Urorganismen gewesen sein.

In den meisten Lehrbüchern der Geologie findet man die Angabe, dass die Foraminiferen (das sind hochentwickelte Protozoen, die eine complicirt gebaute Schale absondern) die ersten Thiere gewesen seien, und das würde allerdings gegen unsere Resultate sprechen. Die Sache verhält sich aber in Wirklichkeit anders. Das eigenthümliche Gebilde, das man früher für eine Foraminifere hielt und *Eozoon Canadense* nannte, kommt allerdings in der Laurenzformation vor, in welcher man noch kein anderes Thier gefunden hat. Allein Möbius[1]) hat ganz unzweifelhaft nachgewiesen, dass dieses Gebilde kein Thier gewesen sein kann. Streicht man das *Eozoon*, so treten die Foraminiferen erst ganz vereinzelt in der Silurformation auf, wo schon Brachiopoden und Trilobiten (das sind Schalthiere und niedere Krebse) in unzähligen Mengen vorkommen. Die Ergebnisse der Geologie widersprechen also unserer Ansicht nicht, und wir halten deshalb daran fest, dass die ersten Organismen einfache organische Verbindungen waren.

Als die Oberfläche der Erde sich soweit abgekühlt hatte, dass sich aus den beiden Elementen Wasserstoff und Sauerstoff Wasserdämpfe hatten bilden können, schon damals werden sich wohl aus Kohlensäure, die in grossen Mengen vorhanden war, und Wasserdampf leicht zersetzbare Kohlenstoffverbindungen gebildet haben. Dass derartige organische Verbindungen aus anorganischen entstehen können, haben die Chemiker längst durch die künstliche Darstellung einer sehr grossen Zahl derselben gezeigt. Dass sich dieselben gelegentlich auch in der Natur, namentlich unter so günstigen Verhältnissen, in kleinen Mengen bilden mussten, ist deshalb kaum in Abrede zu stellen. Wir können uns nur wundern, dass sie nicht auch heute noch bisweilen aus anorganischen Ver-

---

[1]) Palaeontographica, Bd. XXV p. 175 ff.

bindungen entstehen. — Aber auch dieses Räthsel löst sich sehr
leicht: Ganz entschieden bilden sie sich auch jetzt noch, allein sie
können sich niemals in grösseren, nachweisbaren Mengen ansammeln.
Jede organische Verbindung wird bald von kleinen Pilzen, Algen
oder niedern Thierchen bevölkert, deren feine Keime in der Luft
schweben. Von ihnen wird die Verbindung entweder zersetzt oder
als Nahrung aufgenommen. Jede organische Verbindung geht bekanntlich bald in Fäulniss über und die Fäulniss ist eben eine Umsetzung, die von niedern Organismen bewirkt wird. Einer organischen
Masse, die sich frei in der Natur bildet, geht es natürlich
jetzt nicht besser. Als die Erde sich erst abgekühlt hatte, stand
aber die Sache anders. Fäulnisspilze u. s. w. gab es noch nicht.
Die entstehenden organischen Massen konnten sich also in grossen
Mengen ansammeln. Höchst wahrscheinlich entstanden sie schon
als Dämpfe und gingen später, gleichzeitig mit dem Wasser, in
den flüssigen Zustand über. Im flüssigen Zustande kam ein neuer
günstiger Factor hinzu. Wir haben gesehen, dass die chemischen
Verbindungen die Fähigkeit besitzen, neue Mengen derselben Verbindung schneller aus ihren Elementen entstehen zu lassen. Es
mussten sich demnach die organischen Massen verhältnissmässig
rasch vergrössern. Am meisten nahmen natürlich diejenigen Verbindungen an Masse zu, welche die Fähigkeit der Assimilation am
vollkommensten besassen.

Fassen wir die einfachen organischen Verbindungen als die Urorganismen auf, so ergiebt sich die jetzige Unbeständigkeit solcher
Verbindungen bei Luftzutritt auch schon als nothwendige Folgerung
der Darwinschen Theorie. Sahen wir doch oben, dass frühere Formen
später niemals wieder auftreten können, da sie auf einer niedrigeren
Stufe der Entwicklung stehen und deshalb nicht mit den lebenden
Formen concurriren können. — Dass sich heute keine Urorganismen
bilden, ist nicht nur nicht sonderbar, sondern sogar nothwendige
Folgerung aus der Darwinschen Theorie.

Waren die ersten Organismen chemische Verbindungen, so
können es nur solche Verbindungen gewesen sein, welche sich aus
Kohlensäure und Wasser aufbauten. Die Fähigkeit Kohlensäure
und Wasser zu assimiliren besitzt eine Verbindung der Pflanzen,
das Hypochlorin des Chlorophylls (Pringsheim). Mit dieser Verbindung werden also die Urorganismen wohl eine gewisse Aehnlichkeit gehabt haben. Wir können dieselben demnach wohl Pflanzen

nennen. Ein Theil dieser Pflanzenverbindung konnte sich durch Abspaltung um eine Stufe weiter entwickeln und zu einer Verbindung werden, welche als die Grundlage des Thierreiches anzusehen ist. Sie brauchte nicht mehr Kohlensäure und Wasser zu assimiliren, sondern konnte ihre Masse aus der schon vorhandenen Pflanzenverbindung aufbauen unter Zuhülfenahme des Sauerstoffs. — Beiderlei Verbindungen mussten schon damals in ihrer Vermehrung einander vollkommen das Gleichgewicht halten, und zwar nach denselben Gesetzen, die noch heute zwischen Thieren und Pflanzen und zwischen verschiedenen Formen in den einzelnen Reichen thätig sind. Das Beispiel vom Hecht und Karpfen hat uns das Wirken dieses Gesetzes gezeigt. Das Urthier konnte sich nur so stark auf Kosten der Urpflanze vermehren, dass Urpflanzen in einer für die Vermehrung hinreichenden Menge übrig blieben.

Die ersten Organismen lebten natürlich im Urmeer und wurden anfangs von den Strömungen dieses Meeres umhergeführt. Hatten sie eine gewisse Grösse erreicht, so wurden sie gelegentlich zerrissen. Es war dies sehr günstig für sie, da kleinere Massen zur Nahrungsaufnahme eine verhältnissmässig grössere Oberfläche haben. Verbindungen, oder wohl richtiger gesagt Mischungen von Verbindungen, die ziemlich leicht auseinanderrissen, vermehrten sich am schnellsten, sie waren es deshalb besonders, welche das vorhandene Material an sich rissen. — In dem gelegentlichen Zerreissen haben wir wohl die Grundlage der Vermehrung zu suchen. Allerdings lässt sich die Fortpflanzung, wie wir sie heute kennen, kaum noch damit vergleichen. Selbst bei den einfachsten Protoplasmathieren, den Amöben, ist der Vorgang im Laufe der Zeit viel gesetzmässiger geworden.

Der Umstand, dass die Urorganismen willenlos von der Strömung fortgeführt wurden, war nicht eben vortheilhaft deshalb, weil annähernd dieselben Wassertheilchen immer in ihrer näheren Umgebung blieben. Der Nachtheil konnte in zweierlei Weise beseitigt werden; einerseits dadurch, dass die Mischung eine etwas klebrige Beschaffenheit annahm und sich, der Strömung entgegen, festzusetzen vermochte und andererseits dadurch, dass die Strömungen der aufgenommenen Nahrung eine Eigenbewegung erzeugten, die von der Meeresströmung unabhängig war. Urorganismen, die eine von diesen Eigenschaften, in einem anfangs natürlich nur äusserst geringen Grade, besassen, hatten einen bedeutenden Vortheil vor den Uebrigen und deshalb

6

am meisten Aussicht auf Fortexistenz. Klebrigkeit war entschieden am leichtesten zu erwerben. Es lag deshalb am nächsten, dass die Urpflanze, da sie zuerst auftrat, sich diese Eigenschaft aneignete. Es mochte übrigens noch ein besonderer Umstand bei dieser Wahl mitwirken. Da die Pflanze bei der Assimilation das Licht nicht entbehren kann, so muss sie eine möglichst grosse Oberfläche haben. Es gilt dies auch schon für die Urpflanze. Sie musste eine lappig ausgedehnte Form besitzen und eignete sich infolge dessen zur Ortsbewegung sehr schlecht. — Nachdem die Urpflanze die Eigenschaft sich anzuheften angenommen hatte, blieb für das Urthier, zur Erlangung seiner Nahrung, der Urpflanze nur die Möglichkeit übrig, Eigenbewegung anzunehmen. —

Aus der gegebenen Darstellung ersieht man, dass die Entstehung organischer Wesen aus unorganischer Materie sehr wohl denkbar ist. Ja man darf wohl behaupten, dass Organismen entstehen mussten und dass der Vorgang der Hauptsache nach in der geschilderten Weise stattgefunden haben dürfte. Auf den etwaigen Gang der Weiterentwicklung können wir hier nicht eingehen: Wir würden auch auf allzu theoretische Gebiete kommen. Nur das wollen wir uns noch klar zu machen suchen, wie die Spaltung in verschiedene Arten bei thierischen Organismen sowohl als bei pflanzlichen sehr bald nothwendig wurde.

Die Nahrungs-, Wärme- und Lichtverhältnisse waren natürlich nicht überall im Urmeer dieselben. In den verschiedenen Theilen desselben mussten sich deshalb etwas von einander abweichende organische Massen entwickeln. Sogar an demselben Orte war die Möglichkeit für die Existenz verschiedener Substanzen gegeben. Vermöge der Fähigkeit der Assimilation vermehrten sich die organischen Massen überall so stark, als es nur die Verhältnisse erlaubten, und damit war die Concurrenz, der Kampf ums Dasein gegeben. Wenn also ein Theil dieser Massen durch eine etwas abweichende Beschaffenheit, vielleicht zunächst nur durch etwas andere Mischungsverhältnisse, bestimmte Eigenthümlichkeiten des Ortes auszunutzen vermochte, so hatte er Aussicht auf Fortexistenz. Nach den Gesetzen der natürlichen Zuchtwahl bildete sich dann diese Eigenschaft immer mehr aus. — In dieser Anpassung an immer bestimmtere Verhältnisse besteht die Vervollkommnung der Organismen. Durch sie ist für möglichst viele Wesen die Möglichkeit der Fortexistenz gegeben. Ein Vervollkommnungsprincip d. h. einen Willen, der die Vervoll-

kommnung herbeizuführen sucht, brauchen wir zur Erklärung der
Organismenwelt durchaus nicht. Die Vervollkommnung ergiebt sich
vielmehr als nothwendige Folge der wirkenden Naturgesetze.

In einem wie hohen Maasse die verschiedenen Verhältnisse an
einem Orte jetzt ausgenützt werden, möchte ich noch durch ein Beispiel erläutern. — Unter den mächtigen Bäumen eines Eichwaldes
findet man zunächst Gestrüpp, etwa aus Haseln bestehend. An dem
Eichstamme rankt Epheu empor. Das Wurzelende und die Wetter-
seite derselben ist mit Moospflänzchen bedeckt. Der andere Theil
und die Aeste sind dicht mit Algen bewachsen. Auf den Algen
vegetiren Pilze und bilden mit den Algen zusammen Complexe, die
man als Flechten bezeichnet. In der Krone der Eiche wachsen
Misteln. Auf den Haselwurzeln schmarotzt Schuppenwurz. Unter
den Haselsträuchen findet man ausserdem verschiedene Gräser und
Kräuter. Auf den abgebrochenen morschen Aesten und dem ver-
faulenden Laube gedeiht eine Unzahl von verschiedenen Pilzen. —
Alles das lebt da, wo von Eichen nur ein einziges Individuum
existiren könnte.

Zum Schluss wollen wir noch einen Einwand, den man oft gegen
die Darwinsche Theorie erhoben hat, kurz erwähnen: Von verschiedenen höheren Organismen weiss man es sicher, dass sie während
der geschichtlichen Zeit keine merklichen Veränderungen erfahren
haben. Man muss daraus schliessen, dass Veränderungen, wenn sie
überhaupt stattfinden, ganz unendlich langsam erfolgen, und könnte
nun zweifeln, ob die Erde schon so lange existirt hat, dass sich aus
den einfachen Verbindungen eine so vollkommene Organismenwelt
entwickeln konnte. Allein nach den annähernden Berechnungen der
Geologen haben sich für die Zeitdauer der Formationen in der That
Zahlen ergeben, vor denen einige Tausend Jahre vollkommen verschwinden. —

Da wir die Entstehung der Erde uns vorgeführt haben, wollen
wir anhangsweise noch einen kurzen Blick auf den wahrscheinlichen
weitern Verlauf der Entwicklung werfen.

Die Processe in der Organismenwelt zielen darauf hin, alle
Kohlensäure in Kohlenstoff zu verwandeln. — Wenn auch die Thierwelt unausgesetzt Kohlensäure erzeugt und den Process verzögert,
so beweisen uns doch die gewaltigen Kohlenlager, dass die Thiere
keineswegs eine gleiche Menge Kohlensäure wieder zu schaffen im
Stande sind.

Noch von einem andern Gesichtspunkte aus zeigt sich uns das Ende der jetzigen Verhältnisse: Die Erde strahlt immer mehr Wärme in den Himmelsraum aus. Das Innere erstarrt allmählich. Die Wärme, welche uns die Sonne liefert, genügt keineswegs, um uns die Eigenwärme der Erde zu ersetzen und ausserdem muss auch ihre Wärme endlich mehr und mehr abnehmen. Die Eismassen der Pole rücken vor und schliesslich sind alle Meere erstarrt. Die Temperaturabnahme schreitet weiter fort, bis schliesslich auch die Gase der Atmosphäre in den flüssigen und festen Zustand übergehen. — Wir kennen in der That einen Himmelskörper, der sich auf einer solchen Entwicklungsstufe befindet. Es ist der Mond. Wegen seiner Kleinheit hat derselbe schon jetzt dieses Stadium erreicht. Eine Atmosphäre besitzt er nicht mehr. Wollten wir sagen, dass auf ihm keine Organismen mehr existiren können, so dürfte das übereilt sein. Der Mensch wird, wenn die Erde diesen Zustand erreicht hat, entschieden schon längst ausgestorben sein. Es ist nicht zu denken, dass er sich solchen Veränderungen, selbst wenn dieselben allmählich eintreten, wird anpassen können. Es wird ihm vielmehr gehen wie so vielen ausgestorbenen Thieren, die man nicht etwa als Vorstufen von jetzt lebenden bezeichnen kann. — Fern liegt jene Zeit, Millionen von Jahren können noch vergehen, aber kommen muss sie einmal.[1])

---

[1]) Man hat stets versucht, in dem Entstehen und Vergehen von Weltkörpern einen Kreisprocess zu erkennen; allein mit wenig Erfolg. Du Prel sagt z. B., dass die Planeten schliesslich alle in die Sonne zurückkehren müssen und durch ihren Zusammenstoss eine Wärme erzeugen werden, die genügt, Alles wieder in Gase aufzulösen. Allein angenommen auch, dass der Zusammenstoss einmal eintrete, so würde doch höchstens noch einmal ein Aufleuchten stattfinden. Weil die Annäherung an den Centralkörper ganz allmählich erfolgen müsste, könnte der Zusammenstoss nicht sehr heftig sein. Die unendliche Wärmemenge, die seit Beginn des Verdichtungsprocesses in den Weltraum ausgestrahlt ist, die sich also in Aetherbewegung umgesetzt hat, ist und bleibt verloren; und der frühere Zustand ist damit unmöglich gemacht.

Eher würden wir schon Secchi beistimmen, der alle Naturprocesse als eine Ausgleichung von Bewegung ansieht. Secchi sagt: Es wird einmal eine Zeit kommen, zu welcher alle Bewegung ausgeglichen ist. Es wird dann kein Naturprocess, folglich auch kein Leben mehr möglich sein. Er schliesst daraus ganz richtig, dass die ungleiche Vertheilung von Bewegung auch einmal einen Anfang genommen haben müsse, weil sie im andern Falle auch jetzt nicht mehr ungleich vertheilt sein könne. Secchi komint auf diesem Wege zu der nothwendigen Annahme der Existenz eines Schöpfers. Offenbar haben wir hier den kosmologischen Gottesbeweis vor uns, auf die neuere naturwissenschaftliche Weltanschauung übertragen. Leider ist der Beweis in diesem Falle ebenso hinfällig, wie er es in der früheren Form war. Secchi vergisst, dass er hier mit zwei unendlichen Grössen zu rechnen hat. Wäre die Welt begrenzt, so müsste allerdings die Zeit der Ausgleichung einmal kommen. Wir können sie uns aber nur unendlich gross denken, folglich kann auch der Process der Ausgleichung bis ins Unendliche weitergehen. Sie kann also auch von Ewigkeit her stattgefunden haben.

Man vergleiche auch: H. Helmholtz, Ueber die Wechselwirkung der Naturkräfte und E. du Bois-Reymond, Reden, Bd. I p. 133.

III. Die Instincte des Menschen.

1. Der Erhaltungstrieb.

Bringt man einen Gegenstand in den hintern Theil des Mundes, so macht man unwillkürlich Schluckbewegungen. Man könnte diese Bewegungen dem Erhaltungs- oder Essenstriebe zuschreiben, allein auch ein Besinnungsloser führt sie aus; sie vollziehen sich also ohne Bewusstsein, sind Reflexbewegungen. Ein Bewusstseinsvorgang würde hier auch vollkommen überflüssig sein. Der Schlund hat auf einen Reiz stets genau dieselben Bewegungen auszuführen.

Ein Küchlein fängt schon sehr bald, nachdem es das Ei verlassen hat, an, kleine Gegenstände aufzupicken. Ist das eine Reflexbewegung oder ein Trieb? — Beim enthaupteten Frosche haben wir allerdings recht complicirte Reflexhandlungen kennen gelernt. Ein zerstörend wirkender Reiz auf der Haut bewirkte, dass der Fuss gerade an diese Stelle gebracht wurde. — Allein jeder Reiz auf der Haut kann nur die Bewegungen zur Folge haben, welche die Entfernung des Gegenstandes bezwecken. Im Auge des Hühnchens aber löst nur das Bild eines Gegenstandes, der etwa die Grösse eines Samenkornes hat, jene Bewegungen aus. Alle andern sind entweder ohne Wirkung oder veranlassen sogar ein Fliehen. Ein solches Verhalten können wir uns, wie wir oben gesehen haben, nur als geistigen Vorgang erklären. Es ist der Erhaltungstrieb, der hier zur Wirkung kommt.

Man könnte sich leicht veranlasst fühlen, den Trieb mit dem Hunger zu identificiren, allein er hat mit dem Hunger nicht das Geringste zu schaffen. Der Hunger allein könnte zur Raserei führen, bevor er ein Thier auf den Gedanken brächte, die vorgehaltene Nahrung aufzunehmen. Erst dann, wenn es Erfahrungen gemacht hat, kann es durch den Hunger veranlasst werden zu fressen. Wir müssen also annehmen, dass das Küchlein keineswegs daran denkt, seinen

Hunger zu stillen. Es führt die Bewegungen um ihrer selbst willen aus. Es macht ihm Vergnügen einen kleinen Körper aufzupicken.

Noch weit complicirter sind die Handlungen einer jungen Spinne. Sie verfertigt ein kunstvolles Netz und ergreift dann die Insekten, die hineingerathen. Die Spinndrüsen werden allerdings zur Entleerung, zum Spinnen antreiben. Die Spinne macht das Netz aber in der bestimmten Form, weil ihr gerade die Herstellung dieser Form am meisten Vergnügen macht. Dass sie nicht etwa die Absicht hat, Fliegen zu fangen, davon kann man sich leicht überzeugen: Wirft man ihr eine zappelnde Mücke vor, von deren Zuckungen sie sogar direct berührt wird, so fällt es ihr garnicht ein, dieselbe zu verzehren. Sie nimmt sie dagegen sofort, wenn man sie ins Netz wirft. Sie folgt also zunächst ihrem Vergnügen, ihren Einfällen, ohne zu wissen weshalb. So oft die Spinne bei der Herstellung ihres Netzes und der Erlangung ihrer Beute ihre Thätigkeit ändert, so oft tritt, genau genommen, ein anderer Trieb auf. Der neue Trieb stellt sich ein, sobald der vorhergehende Theil der Arbeit fertig ist. Ein Kunsttrieb besteht also eigentlich aus einer Reihe von Trieben.[1])

Es ist behauptet worden, dass jede Arbeit, oder was dasselbe sagt, jede Bewegung von Unlustgefühl begleitet sein müsse, und das

---

[1]) Zu denjenigen, die behaupten, dass der Hunger die treibende Kraft bei Instincthandlungen sei, gehört auch unser grosser Psychologe Wundt (Grundzüge der physiologischen Psychologie Bd. II.). Ich glaube aber, dass wir uns den Vorgang in der eben geschilderten Weise weit einfacher erklären können, ja, wir können nur so von einer Erklärung sprechen. Dass der Hunger treiben soll alle Instincthandlungen nacheinander zu vollziehen, ist für uns unbegreiflich. Dass uns aber etwas Vergnügen machen kann, was wir noch nie gethan haben, das wissen wir aus eigener Erfahrung recht wohl. Wir setzen so etwas fort, weil die Freude daran uns leitet. Ich gebe allerdings vollkommen zu, dass der Verlauf der Instincthandlungen durch die äusseren Umstände in einem gewissen Grade bedingt sind, nur kann ich die letzteren nicht als treibende Ursachen gelten lassen. Eine treibende Kraft führt nur dann zum richtigen Ziel, wenn sie alle andern Handlungen ausschliesst. Eine anziehende Kraft aber, wie es das mit der Handlung verbundene Lustgefühl ist, schliesst eo ipso alles Andere aus. Man kann schon aus dieser Thatsache schliessen, dass Lustgefühle bei den Thieren viel mehr zur Wirkung kommen müssen als Unlustgefühle. Der Hunger kann nur treiben, überhaupt etwas zu thun. Die Spinnorgane treiben zum Spinnen. Ein Netz von ganz bestimmter Form zu spinnen, dazu treibt, wie ich früher (l. c.) ausführlich nachgewiesen habe, nichts.

würde allerdings mit der hier gegebenen Erklärung im Widerspruch stehen. Die Behauptung stimmt aber durchaus nicht mit der Erfahrung überein. Schon physiologische Gründe nöthigen uns, das Gegentheil anzunehmen. Wenn sich in den Spinndrüsen der Spinnen ein Ueberfluss von Spinnstoff angesammelt hat, so muss nach allen Analogien die Entleerung ein angenehmes Gefühl bewirken. Genau ebenso ist es mit den Muskeln. Durch das Blut wird ihnen neuer Stoff zugeführt; derselbe kann allein durch Bewegung umgesetzt werden; es muss demnach Bewegung nothwendig von angenehmem Gefühl begleitet sein. Wir wissen in der That aus unserer eigenen Erfahrung recht gut, wie wohl ein Spaziergang thut, wenn man den ganzen Tag über hat sitzen müssen. Von einem Arbeiter wird allerdings weit mehr Bewegung verlangt. Es ist aber bekanntlich eine Eigenschaft des Körpers, diejenigen Theile am meisten zu versorgen und zu ersetzen, die am meisten gebraucht werden. Wer jemals mehrere Tage hindurch eine schwere körperliche Arbeit hat leisten müssen, der weiss, wie schnell diese Erscheinung eintritt und sich zunächst als Erleichterung fühlbar macht. Ein Arbeiter, der an schwere Arbeit gewöhnt ist, muss schliesslich zu seinem Wohlbefinden schon weit mehr Bewegungen machen, als ein Mensch, der nie körperliche Arbeiten geleistet hat. Wir finden einen deutlichen Beweis dafür in der Thatsache, dass Leute, die stets viel gearbeitet haben, auch in ihrem Alter nicht ruhen können, sondern sich nur bei der Arbeit wohl fühlen. Nur der junge Mensch muss sich mit überwiegendem Unlustgefühl an eine bestimmte Arbeit gewöhnen.

Viel weniger deutlich als bei den meisten Thieren tritt der Ernährungstrieb bei dem Menschen zu Tage. Das hülflose Kind hat eine liebende Mutter, die für dasselbe sorgt. Die Brustwarze wird ihm in den Mund gesteckt, und es bleibt für den Instinct nur übrig, Saug- und Schluckbewegungen zu machen. Der selbständige Erwerb der Nahrung wird ihm in einer Reihe von Jahren allmählich gelehrt. Die Erziehung macht es möglich, dass der Mensch auch in denjenigen Punkten gewissermassen Erfahrungen sammeln kann, in denen es sonst unmöglich sein würde. Die Erfahrungen der Eltern werden ihm durch die Sprache mitgetheilt und kommen ihm als eigene zu Gute. Kurz, es bleibt für den reinen Instinct so wenig übrig, dass es uns nicht sehr verwundern kann, wenn einige Philosophen beim Menschen den Instinct, das Angeborne ganz in Abrede gestellt haben. Es hätte diesen Denkern allerdigs auffallen müssen, dass nur der Mensch zu solchen Fähigkeiten erzogen werden kann Es ist nicht allein die Anlage, durch Gewohnheit Lust- und Unlustgefühle überhaupt zu erwerben, d. h. die Fähigkeit Erfahrungen zu machen, ihm angeboren; die häufige Vererbung ganz specieller Lust- und Unlustgefühle beweist vielmehr, dass auch die Art derselben in der Anlage schon gegeben ist. Die Fähigkeit Erfahrungen zu machen dient nur dazu, den angeborenen Instinct einerseits möglichst umfassend zu machen und andererseits den speciellen Verhältnissen anzupassen. Müsste alles das, was der Mensch erlernen kann, ihm angeboren sein, wie z. B. der Spinne der Netzbau, so würde auch sein Broderwerb kaum vielseitiger sein können wie der der Spinne; wenigstens würde er nicht so weit an Verschiedenartigkeit über den der Spinne hinausgehen, wie es jetzt thatsächlich der Fall ist.

Wie bei jedem Thiere, so zeichnet auch beim Menschen der Instinct nur die Grenze vor, über die nicht hinausgegangen werden kann, und zwar ist die Grenze nicht nur nach oben, sondern nach allen Seiten gezogen. Was darüber hinausliegt, kann kein Mensch weder bei der besten noch bei der verkehrtesten Erziehung erreichen.

Wie bei jedem Thiere, z. B. bei der Spinne, so kann man auch beim Menschen den Erhaltungstrieb eintheilen in den Erwerbstrieb und den Essenstrieb. — Die Spinne stellt ihr Netz her, weil es ihr Vergnügen macht; sie ahnt es garnicht, dass dasselbe dazu dient, ihren Hunger zu stillen. Beim Menschen ist es nicht viel anders. Den besten Beweis dafür liefert uns das Spielen der Kinder. Nicht zum Broderwerb, sondern aus Vergnügen bebauen sie ein Stückchen Land, spielen Jäger, Kaufmann etc. etc. Möge man es nun mehr der Nachahmung oder mehr dem reinen Instinct zuschreiben, auf jeden Fall macht ihnen das Spiel Vergnügen. Auch dem Erwachsenen bereitet sein Gewerbe Genuss, vorausgesetzt, dass er es nach seiner Wahl betreibt. Wenn er auch bei schwerer Arbeit sich schliesslich nach einer Zeit der Ruhe sehnt; nach längerer Ruhe treibt es ihn doch wieder zu seiner Arbeit zurück.

Beim Essenstrieb lässt sich die Parallele genau ebenso fortsetzen. Wie die Spinne das ins Netz gerathene Insekt ergreift und aussaugt, ohne zu wissen, dass sie damit ihren Hunger stillen kann, ebenso wird auch der Säugling zunächst allein durch den Trieb veranlasst, Saugbewegungen zu machen. Später steckt das Kind alles in den Mund, nicht etwa um seinen Hunger zu stillen, sondern weil es ihm Vergnügen macht. Der Hunger hat für den Menschen und die

höheren Thiere vielleicht zunächst namentlich die Aufgabe, das Maass
der aufzunehmenden Nahrung zu bestimmen. Als treibende Kraft
kann er erst dann zur Wirkung kommen, wenn Erfahrungen existiren.

Der Wohlgeschmack hat wohl zunächst die Aufgabe, einerseits die
Nahrung zu prüfen und sie andererseits hinreichend lange im Munde
zu behandeln und die Speicheldrüsen zum Ergusse zu reizen. Später
kann auch er mit zur Nahrungsaufnahme reizen.

Wie das Geschmacksorgan vor schlechter Nahrung warnt und
dazu treibt, gute Nahrung zu wählen, so veranlasst uns das Geruchs-
organ zunächst schlechte Luft zum Athmen zu vermeiden und gute
aufzusuchen. Als zweite Aufgabe kommt allerdings auch für den
Geruch die Prüfung der Nahrung hinzu.[1])

Der Erhaltungstrieb musste sich entwickeln, sobald die Wahl
der Nahrung durch specielle Anpassung nöthig wurde. Je schwieriger
die Erlangung dieser Nahrung wurde, um so stärker musste sich
der Trieb ausbilden, d. h. um so grösser musste das Vergnügen am
Nahrungserwerb werden. Wir können also wohl annehmen, dass
Landthiere und unter ihnen die Raubthiere den stärksten Trieb besitzen, da das Erjagen der Beute die grössten Schwierigkeiten bietet.
Damit stimmt die Thatsache überein, dass nicht nur Hausthiere,
sondern auch wildlebende Raubthiere oft schwächere Thiere tödten,
selbst wenn sie recht wohl wissen, dass dieselben ihnen nicht zur
Nahrung dienen können.

Zu den Erhaltungstrieben gehört auch die instinctive Furcht
mancher Thiere vor gefährlichen Feinden. Die Spinne fürchtet die
Biene instinctiv, da eine Erfahrung in diesem Falle ausgeschlossen
ist: Sobald sie den Stachel fühlt, geht sie an dem Gifte zu Grunde.

---

[1]) Viele Blüthen haben einen für Insekten angenehmen Geruch, um
dieselben zum Besuche anzulocken. Auch für den Menschen ist der Geruch
meist angenehm, obgleich dies für ihn absolut keinen Zweck hat. Analogien im ästhetischen Geschmack sind überhaupt eine sehr häufige Erscheinung. Die Farben der Blüthen, die dem Geschmack der Insekten
angepasst sind, können auch wir meist als schön bezeichnen. Ebenso die
durch geschlechtliche Zuchtwahl entstandenen Farben und Formen. —
Farben und Formen dagegen, welche Thiere warnen oder abschrecken
sollen, sind meist auch für den Menschen ekelhaft. So werden bunte
Raupen und lebhaft gefärbte niedere Meeresthiere von Laien nicht gerne
angefasst. Von dem Urtheil der Zoologen, deren Widerwille durch das
Interesse beseitigt ist, muss man natürlich absehen und den naiven Beur-
theiler sprechen lassen.

Ebenso fürchten Raubvögel den Zahn giftiger Schlangen. Der Mensch, dem es durch die Sprache mitgetheilt wird, dass gewisse Schlangen giftig sind, braucht einen solchen Instinct nicht mehr zu besitzen. Dennoch lässt sich ein allgemein verbreiteter Ekel vor Schlangen nicht leugnen. Der Ekel dauert auch dann noch fort, wenn man von einer Schlange den Nachweis geliefert hat, dass sie nicht giftig ist.

2. Der Fortpflanzungstrieb.

Der Fortpflanzungstrieb ist von allen Instincten beim Menschen am unabhängigsten von der Erziehung oder Mittheilung. Ausserdem tritt er verhältnissmässig spät auf, so dass wir an ihm uns am besten das Wesen eines reinen Instinctes klar machen können. Wir dürfen ihn deshalb vor allen nicht ganz übergehen. — Er zerfällt in zwei zeitlich aufeinander folgende Hauptabschnitte, den Geschlechtstrieb und den Trieb die Nachkommen aufzuziehen. Den letzteren können wir auch Erziehungstrieb nennen.

Der erste Theil des Fortpflanzungstriebes, der Geschlechtstrieb, setzt sich beim Menschen abermals aus mehreren aufeinder folgenden Abtheilungen zusammen. — Zunächst begegnen wir einem Triebe, der die Geschlechter einander nähert. Der Mann fühlt sich zum Weibe gleichsam hingezogen. Es macht ihm Vergnügen mit dem weiblichen Geschlecht in Verkehr zu treten. Alles, was für die Frau so recht charakteristisch ist, zieht ihn an; nicht allein Gestalt und Gesichtszüge, sondern vor Allem auch weiblicher Sinn und weibliches Gefühl. Jeder wird aus seiner eigenen Erfahrung wissen, dass man dabei nicht im Entferntesten an Wollustgefühle denkt. — Der Mensch sucht also mit Vorliebe den Umgang mit dem andern Geschlecht, ohne dass ihn der wirkliche Zweck dieses Handelns dazu veranlasste.

Es folgt nun der zweite Theil des Triebes, der Wunsch, sich mit einer Person, welche besondere Liebe und Achtung verdient, Zeit Lebens zu verbinden, mit ihr Freud und Leid zu theilen und sie voll und ganz zu besitzen oder ihr anzugehören. Allerdings werden tagtäglich Ehen geschlossen, bei denen praktische Gründe mitsprechen, ja vielleicht fast ausschliesslich massgebend sind. Allein die unendlich grosse Zahl vollkommen uneigennütziger Ehen beweist zur Genüge, dass der Trieb als solcher dem Menschen innewohnt. Die Ehe wird geschlossen, ohne dass der eigentliche Zweck derselben dazu auffordert. — Die beiden genannten Triebe sind vollkommen unabhängig von den Wollustgefühlen und dem Triebe, diese zu erreichen. Die letzteren spielen sogar eine höchst secundäre Rolle, indem sie etwa dem Wohlgeschmack beim Erhaltungstriebe entsprechen.

Die Ueberentwicklung durch geschlechtliche Zuchtwahl ist gerade beim Menschen, wie schon oben erwähnt wurde, sehr weit vorgeschritten und deshalb haben wir die besten Beweise dafür in der Hand, dass der Mensch bei seiner Wahl sich keineswegs ausschliesslich durch praktische Gründe leiten lässt. Dass die Frau einen kräftig gebauten Mann, der Mann eine Frau mit gut entwickelten Brüsten vorzieht, würde man als aus praktischen Gründen geschehen sich denken können. Dass aber der Mann ein schönes Gesicht, die Frau einen bärtigen Mann vorzieht, das geschieht sicherlich nicht aus praktischen Gründen. Man weiss ja in der That keinen Zweck für solche Aeusserlichkeiten anzugeben. Ebenso ist es mit psychischen Eigenschaften. Allzugrosse Herzensgüte, die sogar soweit geht, gleichgültige Thiere zu bemitleiden, ist keineswegs praktisch fürs Leben. Dennoch ist Herzensgüte bei der Wahl oft von grossem Einfluss. Wir werden im nächsten Kapitel sehen, dass man sich das Mitgefühl für Thiere etc. als Ueberentwicklung moralischer Triebe sehr wohl erklären kann.

Bei den niedrigsten Thieren und Pflanzen besteht die geschlechtliche Vereinigung darin, dass zwei Individuen vollkommen mit einander verschmelzen, wenn sie gelegentlich zusammenstossen. Bei etwas höheren Thieren, z. B. den Quallen, werden die männlichen Geschlechtsproducte, ebenso wie bei den Pflanzen, einfach entleert und vom Wasser zum andern Geschlechtsthier geführt. Es ist also jeglicher Trieb noch unnöthig. Unbedingt nothwendig wird der Geschlechtstrieb bei den höheren Thieren, die einander aufsuchen müssen.

Der Erziehungstrieb ist wie der Geschlechtstrieb beim Menschen ein reiner Instinct. Jede Mutter liebt ihr Kind über Alles, selbst wenn sich dasselbe durch wenig vortheilhafte Eigenschaften vor andern auszeichnet. Für die geschlechtliche Liebe konnten wir doch wenigstens Gründe angeben, wenn dieselben auch keineswegs immer von praktischem Werthe waren; bei der Mutterliebe dagegen fehlen die Gründe vollkommen. Die Mutter muss sich bei der Pflege ihres Kindes vom Morgen bis zum Abend abmühen, und dennoch thut sie alles gern. Sie entbehrt sogar manchen Genuss, nur um für die

Erziehung und das Fortkommen ihres Kindes sorgen zu können. Man könnte einwenden, dass Entbehrungen doch kein Vergnügen machen, dass hier also die Befolgung des Instincts nicht von Lustgefühl begleitet sei. Allein das Vergnügen, welches der Mutter aus der Sorge für ihre Kinder erwächst, überwiegt bedeutend alle Genüsse, welche sie in anderer Hinsicht entbehrt. Weshalb wählt sie denn sonst die Entbehrungen? Niemand zwingt sie dazu.

Da beim Menschen der Vater Zeit Lebens das Haupt der Familie bleibt, so ist auch bei ihm der Erziehungsinstinct in einem bedeutenden Grade ausgebildet. Dennoch reicht er an die Mutterliebe bei weitem nicht hinan.

Je höher organisirt ein Thier ist, um so längere Zeit gebraucht es im Allgemeinen zu seiner vollkommenen Entwicklung. Es ist also auch die Gefahr, in diesem unausgebildeten Zustande zu Grunde zu gehen, um so grösser. Bei der Entstehung immer höherer Formen musste deshalb zugleich dafür gesorgt sein, dass eine genügende Anzahl von Individuen den unausgebildeten Zustand überlebten. Einerseits konnte dies dadurch erreicht werden, dass die Nachkommen in ausserordentlich grosser Anzahl zur Welt gebracht wurden. Die Eltern brauchten sich dann durchaus nicht um sie zu kümmern. Allein dies war immerhin nur an bestimmten Orten möglich, namentlich im Wasser, da gerade im Wasser eine hinreichende Menge kleiner Pflänzchen und Thierchen als Nahrung für das junge Thier leicht zu erlangen war. Es kommt deshalb namentlich bei Fischen, Fröschen etc. vor und bei den Fröschen wird es allein dadurch möglich, dass eine Metamorphose eintritt. Das weibliche Thier sucht vom Männchen begleitet einen passenden Ort auf, damit ist die Brutpflege erschöpft. — Eine zweite Möglichkeit war die, dass die Nachkommen nur in mässiger Zahl erzeugt wurden, dabei aber der Instinct der Blutpflege auftrat. Die wenig zahlreiche Nachkommenschaft blieb bis zu ihrer vollkommenen Entwicklung oder doch eine Zeit lang in dem Schutz und der Pflege der Eltern. Dies lag namentlich bei den Landthieren näher. Sobald die Brutpflege nöthig wurde, musste sich der Instinct, d. h. das Vergnügen an der Sorge für die Nachkommenschaft entwickeln und sich je nach Bedürfniss verstärken, alles nach den Gesetzen der natürlichen Zuchtwahl: Es kamen natürlich immer diejenigen Thiere am zahlreichsten zur Fortpflanzung, deren Eltern diesen Instinct am vollkommensten besassen; und sie vererbten ihn auf ihre Nachkommen.

Dass beim Menschen, wo das Kind in durchaus hülflosem Zustande geboren wird und die Erziehung deshalb mit besonderen Schwierigkeiten verknüpft ist, — der Instinct, d. h. die Freude an der Erziehung besonders gross sein muss, kann man schon a priori folgern.

3. Der Geselligkeitstrieb.

Es giebt manche kurzlebige Thiere, welche in der Regel in grossen Mengen auftreten; dahin gehört z. B. der Maikäfer. Das massenhafte Auftreten ist für sie ein bedeutender Vortheil, zumal da sie sonst nur geringe Schutzeinrichtungen besitzen. Sind ihnen doch nicht einmal Schutzfarben verliehen, die ein Auffinden erschweren würden. Infolge der ausserordentlichen Häufigkeit können sie indessen von ihren Feinden nicht bewältigt werden, und es bleibt deshalb stets eine genügende Zahl zur Fortpflanzung übrig. Das massenhafte Zusammenleben ergiebt sich natürlich ganz ohne ihr Zuthun. Man kann hier von einem geselligen Leben und einem Geselligkeitstriebe nicht sprechen.

Anders ist es bei Vögeln etc., die in grösseren Schaaren zusammenleben. Man merkt es ihrem Fluge an, dass sie immer zusammen zu bleiben suchen. — Auch ihnen erwächst aus dem Zusammenleben ein erheblicher Vortheil. Ihre Nahrung kommt gewöhnlich in grossen Mengen vor, so dass ein Nachtheil in dieser Richtung jedenfalls nur gering sein kann. Von einem Feinde ist ihnen infolge dieser Lebensweise nur schwierig beizukommen, da derselbe von den vielen Augen immer sehr bald bemerkt werden muss. Manche in Schaaren lebenden Vögel haben sogar die Gewohnheit, Posten auszustellen, die auf etwa herannahende Feinde zu achten haben.

Auch Raubthieren, die in Meuten jagen, erwächst aus der Geselligkeit ein grosser Vortheil. So kann ein einzelner Wolf einer Rinder- oder Pferdeheerde nichts anhaben; sind aber mehrere Wölfe beisammen, so werden sie den Heerden selbst grosser Hausthiere oft sehr gefährlich.

Man könnte vielleicht glauben, dass die Thiere den Vortheil erkennen, den ihnen die Geselligkeit gewährt und dass sie deshalb Freundschaft geschlossen haben; allein, das hiesse doch ihrem Verstande zu viel zutrauen. Manche in Schaaren lebenden Fische können nachweislich nicht den naheliegendsten Schluss machen; wie sollten sie denn den Nutzen dieser Lebensweise erkennen, der keineswegs auf der Hand liegt. Sie alle folgen, wie wir es in den bisher betrachteten Instincthandlungen kennen gelernt haben, allein ihrem Triebe, d. h. dem Vergnügen, welches ihnen das Zusammenleben mit andern Thieren ihrer Art bereitet, ohne zu wissen, dass sie Vortheil daraus ziehen. Entwickelt hat sich der Instinct allerdings weil er Vortheil gewährt. Man kann sich seine Entstehung nach den Gesetzen der natürlichen Zuchtwahl, wie die jedes beliebigen andern Vortheils, leicht vorstellen. Der Nutzen ist dabei dem Thiere selbst, wenigstens im Anfang, sicher unbewusst geblieben.

An den Geselligkeitstrieb der höheren Thiere schliesst sich der gleiche Trieb des Menschen an. Man hat allerdings vielfach behauptet, beim Menschen sei es kein Trieb; der Mensch habe vielmehr die grossen Vortheile erkannt, welche ihm das gesellige Leben gewährt, Vortheile sowohl in Bezug auf seine Wehrhaftigkeit den Thieren und andern Menschen gegenüber, als auch in Bezug auf die Erwerbung der Nahrung. Weil der Mensch das alles eingesehen, habe er die gesonderte Lebensweise aufgegeben und mit andern seiner Art ein Schutz- und Trutzbündniss geschlossen.[1] — Würde sich denn jetzt wohl ein Mensch dazu verstehen, auf einer einsamen Insel ganz allein den Rest seines Lebens hinzubringen, selbst wenn ihm diese Insel die reichlichste und schönste Nahrung gewährte? An Vortheilen würde es ihm doch in der That nicht fehlen: Er hätte gute Nahrung, es könnte ihm niemals Jemand in irgend einer Weise zu nahe treten etc. Dennoch glaube ich, dass sich kaum Jemand dazu bereit erklären würde, vorausgesetzt, dass eine Rückkehr ausgeschlossen ist. — Und doch sollten früher die Menschen der Vortheile wegen ihre Lebensweise verändert haben? — Man könnte mir einwenden, dass sich der Mensch jetzt zu sehr an das gesellige Leben gewöhnt habe, und deshalb ohne dasselbe nicht mehr leben könne. Nun, hatte er sich denn vorher nicht genau ebenso an das einsame Leben gewöhnt? — Wie bei den Thieren, so ist entschieden auch beim Menschen die Neigung zur Geselligkeit ein Instinct, der ohne sein eigenes Zuthun durch den Kampf ums Dasein, durch das Wirken von Naturgesetzen entstanden ist.

---

[1] Es ist diese Ansicht schon recht alt; sie wurde namentlich von dem Philosophen Hobbes vertreten. Später ist sie vielfach bestritten worden, aber noch in neuester Zeit in einer sonst vorzüglichen Schrift von Rolph (Biologische Probleme) vertheidigt. Rolph lässt etwas Vertrag und etwas Kampf zusammenwirken, um sich die Thatsache der Geselligkeit zu erklären.

Wie aber konnte dieser Instinct zuerst auftreten? Haben sich vielleicht zufällig Menschen zusammengefunden, die aus ihrem Zusammenleben so erhebliche Vortheile zogen? — Von einer derartigen zufälligen Vereinigung zweier fremden Individuen kann natürlich nicht die Rede sein. Es widerspricht das dem Instincte des Einzellebens. Der Instinct wird vielmehr an das Familienleben angeknüpft haben. Wie bei sehr vielen geselligen und auch nichtgeselligen Thieren wird der Vater an der Erziehung der Nachkommen theilgenommen haben, indem er hier namentlich die Familie beschützte. Lebenslängliche Ehe ist auch bei Thieren nichts Seltenes; sie kommt beispielsweise beim Storch vor. Die Kinder werden aber früher, sobald sie erwachsen waren, ihre Eltern verlassen haben, wie es bei jenen Thieren auch jetzt noch in der Regel geschieht. (Nur einige gesellig lebende Insekten machen davon eine Ausnahme). Gelegentlich werden einmal die Kinder etwas länger bei den Eltern geblieben sein und sie vorläufig beim Erwerb der Nahrung, beim Jagen etc. unterstützt haben. Familien, bei denen dies vorkam, besassen einen kleinen Vortheil, so dass sie besonders reichliche Nahrung hatten und besonders zur Fortpflanzung gelangten. Gelegentlich werden die Kinder sich schliesslich, sogar einmal während ihres Zusammenlebens mit den Eltern, verheirathet haben, etwa mit einer Frau, die von einer andern Familie geraubt war. So ging der Process immer weiter. Ich hebe noch einmal hervor, dass dies alles ohne eigenes Zuthun, ohne schlaue Berechnung geschah. Die Kinder blieben nur deshalb etwas länger bei der Familie, weil es ihnen Vergnügen machte länger zu bleiben und nicht etwa des Vortheils wegen, den sie vielleicht anfangs selbst kaum erkannten. Sicherlich war ein Vortheil nicht der Grund. Dass der Trieb oder die Gewohnheit alle Aussicht auf Vortheil überbietet, ersahen wir aus dem oben gegebenen Beispiel. Uebrigens wird der Vortheil damals noch ein kaum merklicher gewesen sein. Sobald der Instinct nur irgendwie in einer für den Menschen noch unmerklichen Weise von Nutzen war, wird er nach den Gesetzen der natürlichen Zuchtwahl auch schon aufgetreten sein. Sehen wir doch überall in der organischen Welt, dass ein Vortheil schon ausgenützt wird, wenn wir ihn noch kaum zu erkennen vermögen.

Das Vergnügen, welches uns an die Familie fesselt, pflegen wir gewöhnlich Neigung oder Liebe zu Eltern und Geschwistern zu nennen. Die Neigung zu seines Gleichen war es also, welche den Menschen zur Geselligkeit trieb. Wir müssen sie bei sämmtlichen Thieren, die in Schaaren leben, nothwendig voraussetzen. Die Neigung muss um so stärker sein, ein je innigerer und festerer Verkehr nöthig ist. — Die erste Stufe einer solchen Neigung besteht darin, dass das stärkere Individuum dem schwächeren gestattet, Nahrung zu sich zu nehmen, sofern dieselbe in hinreichender Menge vorhanden ist. Auf der zweiten Stufe kommt ein Billigkeitsgefühl hinzu: Jeder erhält, was ihm zukommt. Auf der letzten Stufe zeigt sich sogar Mitleid mit Unglücklichen: Denjenigen, die sich selbst nichts erwerben können, wird von Andern etwas mitgetheilt. Auf dieser letzten Stufe steht ausser einigen Thieren, z. B. den Ameisen,[1]) ganz besonders der civilisirte Mensch.

Man hat behauptet, das Mitgefühl mit Andern könne beim Menschen kein angeborener Instinct sein, da doch kleine Kinder vollkommen egoistisch handeln. Allein wir haben schon beim Erhaltungstriebe gesehen, dass für den Menschen allein die Anlagen vollkommen genügen, da er alles Speciellere während der Erziehung erlernen kann. Was andern Thieren angeboren sein muss, weil für sie Erfahrung unmöglich ist, das geht dem Menschen durch die Ueberlieferung, also gleichsam auf dem Wege der Erfahrung zu. Dass die Anlagen bis ins Einzelne hinein vorhanden sind, erkennt man sehr leicht. Selbst bei gleicher Erziehung werden zwei Menschen nicht vollkommen gleich, weil sie verschiedene Charaktereigenschaften mit auf die Welt bringen. Auch die Vererbung von Charaktereigenthümlichkeiten ist eine bekannte Thatsache. Sind schon so specielle Züge angeboren oder ererbt, um wieviel mehr muss dasselbe für ganz allgemein verbreitete Charaktereigenschaften der Menschen, z. B. für das Mitgefühl mit Andern gelten. Der Mensch handelt moralisch, weil es ihm Freude macht. Wer hätte denn die Freude, die es macht, einen Unglücklichen zu unterstützen, noch nicht an sich selbst erfahren, vorausgesetzt, dass er nicht zu jenen Wenigen gehört, die einen schlechten Charakter besitzen und zudem noch eine schlechte Erziehung erfuhren.

Die aus moralischem Handeln erwachsenden Lustgefühle, welche erst während und mit Hülfe der Erziehung einen bestimmten Charakter annehmen, sind durch die natürliche Zuchtwahl zur Entwicklung

---

[1]) J. Lubbock, Ameisen, Bienen und Wespen. Deutsche Ausg. Leipzig, 1883, p. 88 f.

7

gekommen. Denjenigen Individuen, welche infolge einer grösseren Neigung zu ihrer Familie etwas länger bei derselben blieben, erwuchsen Vortheile, welche ihnen den Sieg im Kampf ums Dasein verliehen. Durch Vererbung wurde die Neigung auf die Nachkommen übertragen. Die Ueberlieferung repräsentirt uns also nicht etwa eine Erfahrung der Vorfahren, sondern einen gleichsam traditionell gewordenen Instinct, einen Masseninstinct. — Da die Geselligkeit und, damit verbunden, die moralischen Gefühle den Menschen von vielen nahestehenden Affen auszeichnet, so konnte auch die Ueberentwicklung durch geschlechtliche Zuchtwahl an diesen Trieb anknüpfen. Das Mitleid mit Thieren, die dem Menschen doch vollkommen gleichgültig sein können, möge als Beispiel einer solchen Ueberentwicklung dienen. Vielleicht muss man dahin auch das Mitleid mit solchen Menschen rechnen, die dem Ganzen in keiner Weise mehr nützen können. Bei civilisirten Völkern trifft man dasselbe ganz allgemein.

In einem Bienenstock ist bekanntlich die Königin das einzige ausgebildete Weibchen. Alle Arbeitsbienen sind zwar auch weiblichen Geschlechts, aber unausgebildet. Die Larve einer werdenden Königin ist denen der Arbeiterinnen gleich, sie entwickelt sich in einer grösseren Zelle mit reichlicherer Nahrung zu einer Königin, während unter gewöhnlichen Verhältnissen eine Arbeitbiene aus ihr entstehen würde. — Die Königin wird von den Bienen nie im Stiche gelassen; alles tritt für sie ein, alles hängt an ihr. — Die Bienen handeln nicht etwa so, weil sie wissen, dass der Stock bald zu Grunde gehen würde, wenn keine Eier mehr gelegt und keine Larven aufgezogen werden könnten. Nicht Verstand leitet sie, sondern Instinct. Es macht ihnen Vergnügen, eine Königin an der Spitze ihres Stockes zu haben. Mit vollkommener Liebe und Hingebung pflegen sie sie.

Gleichzeitig mit dem Geselligkeitstriebe musste sich beim Menschen nothwendig ein zweiter Instinct ausbilden. Thiere, die überall allein ihrem Instincte folgen, wie z. B. die Insekten, können gesellig leben, ohne ein Oberhaupt an ihrer Spitze zu haben. Beim Menschen war es anders. Erfahrung und Erziehung spielten jedenfalls schon zur Zeit der Entwicklung des Geselligkeitstriebes eine grosse Rolle. Sie durften nicht überall ihren Eingebungen folgen, um richtig gesellig zu handeln, sie mussten vielmehr auch dem geselligen Leben durch Erziehung vollkommener angepasst werden. An Gesetze, die hätten aufgestellt werden können, um diesem Bedürfniss abzuhelfen, war damals natürlich noch nicht zu denken. Der gesellig lebende

Mensch musste deshalb eine von Allen anerkannte Autorität haben, welche einerseits überall Recht sprechen, andererseits das Ganze leiten konnte. Hätte sich nicht gleichzeitig der Instinct, ein Oberhaupt anzuerkennen, ausgebildet, so würde die Gesellschaft niemals einen grösseren Umfang haben annehmen können. Die Einigkeit wäre immer bald verloren gegangen und die Gesellschaft zerfallen. Das Auftreten dieses zweiten Instinctes ist demnach genau ebenso weit in die Vergangenheit zurückzuverlegen, als die Entstehung der Geselligkeit selbst. Natürlich kann hier ebensowenig wie bei irgend einem andern der betrachteten Instincte von einer Verstandeshandlung der Menschen die Rede sein. Nicht deshalb, weil sie einsahen, dass ein Oberhaupt nothwendig sei, trafen sie diese Einrichtung, sondern weil es ihnen Vergnügen machte, ein Oberhaupt zu haben. — In der ursprünglichen Gesellschaft, die nicht über einen Verwandtschaftskreis hinausging, wird offenbar dem ältesten männlichen Mitgliede die Rolle der Oberleitung zugefallen sein. Da Alle zu seiner Familie gehörten, konnte er in der That unparteiisch Recht sprechen. — Zeigten die Menschen schon untereinander Anhänglichkeit, so musste sich diese in Bezug auf das Oberhaupt zur grössten Liebe und Hochachtung steigern.

Als sich später die Staaten vergrösserten und der Aelteste nicht mehr durch enge verwandtschaftliche Bande mit Allen verknüpft war, da konnte dieses Amt offenbar nicht mehr dem jedesmal Aeltesten zufallen. Er hätte entschieden seine nächsten Verwandten begünstigt. Die einzige Möglichkeit war nun die, dass die Autorität in der Hand besonders würdiger und einflussreicher Familien blieb und zwar so lange, bis einmal diese Familie ausstarb oder sich nicht mehr würdig zeigte. Die Häuptlingsfamilie erstrebte das Wohl des Ganzen, weil es auch ihr eigenes Wohl war, sie war unparteiisch Allen gegenüber, stand gleichsam über den Parteien. — Auch dieser neue Fortschritt im geselligen Leben ergab sich aus der Natur der Sache und entsprang nicht etwa dem menschlichen Verstande. — Staaten, welche diese vortheilhafte Einrichtung hatten, mussten eben den besten Bestand zeigen, indem die Einigkeit am wenigsten gestört wurde.

Der Instinct, eine Monarchie zu bilden, lebt auch heute noch in jedem Volke, welches eine nationale Einheit zeigt. Wer sich etwa überreden will, dass er denselben in sich nicht fühle, wer sich nicht mehr für seinen Landesherrn begeistern kann oder will, der möge sich an das Urtheil der Masse wenden, möge den Jubel und die Begeisterung beobachten, mit welcher der Landesherr jedesmal vom

Volke begrüsst wird, und er ist gezwungen, die Thatsache anzuerkennen. — Die Vortheile, welche diese Einrichtung bietet, sind
übrigens auch heute noch genau dieselben wie früher. Wie in allen
andern Fällen, so werden wir auch hier nicht von unserm Instincte
irregeleitet.

4. Die Religion als Instinct.

Die Religion ist von allen lebenden Wesen nur dem Menschen
eigen. Man hat gewisse Andeutungen allerdings auch bei Thieren
finden wollen: Manche Thiere erschrecken, namentlich während der
Dunkelheit, sehr leicht und haben dadurch Veranlassung gegeben,
ihnen Gespensterglauben zuzuschreiben. Allein wenn auch beim
Menschen in der Dunkelheit vielfach der Gespensterglaube das Erschrecken und die Furcht steigert, so ist damit noch keineswegs
gesagt, dass es beim Thiere ebenso ist. Das Erschrecken an und
für sich hat mit dem Gespensterglauben nichts zu thun, es tritt
auch am Tage ein und bei allen Menschen gleichmässig, mögen sie
nun an Gespenster glauben oder nicht. Wenn uns ganz plötzlich
eine wirkliche oder scheinbare Gefahr droht, d. h. wenn uns Reize
treffen, die irgend ein Handeln nothwendig machen, so zucken alle
Muskeln unwillkürlich zusammen. Da wir nicht schnell genug
überlegen können, so wirkt der Reiz auf alle Muskeln gleichmässig ein. Erhöht wird die Reizbarkeit durch irgend eine wirkliche Gefahr, und da im Dunkeln gleichsam immer die Gefahr, unbemerkt angegriffen zu werden, vorhanden ist, so stellt sich dann auch
das Erschrecken in höherem Grade ein.

Auch in dem Abhängigkeitsgefühl der Hausthiere hat man Andeutungen von Religion finden wollen. — Es beruht nun in der That
auch die Religion des Menschen auf einem gewissen Abhängigkeitsgefühl. Allein es fehlt bei Thieren gerade das, was für die Religion
charakteristisch ist, d. i. das Gefühl der Abhängigkeit von übernatürlichen, rein geistigen Wesen.

Man hat von der Religion ebenso wie von der Geselligkeit
behauptet, sie sei eine Schöpfung des Menschen und zwar nicht wie
dort eine Schöpfung des Verstandes, sondern vielmehr seiner Phantasie.
Es ist das eine Ansicht, die äusserst nahe liegt, da nicht geleugnet
werden kann, dass die menschliche Phantasie gerade auf dem Gebiete
der Religion sehr viel geleistet hat. Schon die vielen, himmelweit
von einander verschiedenen Religionsformen weisen auf das selbständige Wirken des menschlichen Geistes hin. Allein die All-

gemeinheit der Religion überhaupt, das Vorkommen derselben bei allen bekannten Völkern dürfte andererseits ebenso unzweideutig anzeigen, dass ihr Auftreten durch zwingende Ursachen bedingt wurde. Verschiedenheiten würden dann nur beweisen, dass jene Ursachen sehr unbestimmte waren, so dass sie der menschlichen Phantasie zunächst ziemlich freien Spielraum liessen. Dass die Ursachen zwingende waren, können wir auch aus dem wiederholt herangezogenen Gesetz der Sparsamkeit in der Natur schliessen. — Wir wollen versuchen, dieselben aufzufinden.

Der Mensch zeichnet sich vor allen Thieren dadurch aus, dass er die Naturkräfte zu seinem Vortheil verwendet. Sollte er dieselben anwenden, so musste er sie vor allen Dingen kennen lernen, er musste demnach über ihr Wirken und Wesen nachdenken. Wir werden nun sehen, dass religiöse Gefühle der Erkenntniss und Verwendung der Naturgesetze nothwendig parallel gehen mussten.

Ein Vogel wählt für sein Nest ganz bestimmte Localitäten. Der Bluthänfling wählt z. B. im Frühling Buchengestrüpp, welches noch das trockene Laub des Vorjahres trägt. In diesem Strauchwerk baut er sein Nest aus ganz bestimmtem Material und in einer ganz bestimmten Weise, alles vollkommen instinctiv. Die Folge davon ist, dass das Nest in jeder Beziehung für die gegebene Localität den Anforderungen entspricht. Der Instinct hat sich eben als ein vollkommen erhaltungsmässiger erwiesen, indem er sich im Kampf ums Dasein ausgebildet hat. Dass der Vogel durchaus nicht auf etwaige Stürme Rücksicht nimmt, zeigt sich recht deutlich in einem von mir beobachteten Falle: Der Besitzer eines Hauses entfernte das Storchnest von dem Dache desselben, weil die Störche es zu sehr beschädigten. Im nächsten Frühling kehrte das Storchpaar zurück, und da es sein Nest nicht mehr vorfand, fing es an ein neues zu bauen. Nach einigen Tagen wehte ein ziemlich starker Wind und warf sämmtliches, bis dahin zusammengetragene und verflochtene Strauchwerk hinunter. Die Störche liessen sich dadurch nicht abschrecken, sondern begannen die Arbeit von Neuem. Dem zweiten Neste erging es indessen nicht besser als dem ersten. Auch das dritte, vierte und fünfte Nest stiess der Wind, nachdem es kaum begonnen war, hinunter. Vielleicht hätten die Störche das nutzlose Vorhaben noch weiter fortgesetzt, wenn der Besitzer des Hauses ihnen nicht endlich ein neues Nest hergestellt hätte. In dem nahen Wäldchen hätten die Störche sehr leicht einen Baum finden können, in welchem die Herstellung eines sicheren Nestes mit weit geringeren

Schwierigkeiten verbunden gewesen wäre; allein instinctiv (oder ge-
wohnheitsmässig) bauten sie immer von Neuem auf dem Dache. Man
ersieht daraus, dass der Vogel die Wirkung des Sturmes nicht kennt,
oder doch wenigstens bei Herstellung seines Nestes in keiner Weise
zu berücksichtigen vermag.

Der Mensch allein kann sich den verschiedensten Verhältnissen
anpassen, indem er alle Naturkräfte berücksichtigt. Dass diese Fähigkeit von unendlichem Vortheil ist, lässt sich nicht verkennen: Während der Vogel mit seinem Nest an ganz bestimmte Localitäten
gebunden ist, kann der Mensch überall sein Unterkommen finden.
Während das Nest des Vogels an den bestimmten Localitäten von
den Feinden instinctiv aufgesucht wird, gab es für die Thiere, die
dem Menschen entweder schädlich waren oder ihm zur Beute dienten,
ein solches Merkmal nicht; im Gegentheil, der Mensch konnte sich
immer gerade dahin zurückziehen, wo man ihn am wenigsten erwartete.

Da nun der Mensch an jedem Orte seine Wohnung so ein-
richtete, dass sie den Naturkräften möglichst Widerstand leistete,
musste er zugleich zur Einsicht gelangen, dass von absoluter Sicherheit nirgends die Rede sein könne, und dass gerade an denjenigen
Orten, die er aus andern Rücksichten wählen musste, die Gefahr
der Zerstörung verhältnissmässig gross war. Baute er trotzdem hier
seine Hütte auf, so hoffte er eben, dass in der nächsten Zeit kein
Sturm, keine Ueberschwemmung etc. eintreten werde. Die erste
nothwendige Begleiterscheinung war also ein Schauen in die Zukunft
und damit verbunden ein Hoffen. Ohne die Hoffnung hätte der
Mensch sich niemals einem blinden Zufall überlassen. Lieber hätte
er den sichereren Ort gewählt und sich die erwähnten bedeutenden
Vortheile entgehen lassen, als sich den Naturkräften anzuvertrauen,
deren Auftreten er nicht voraussehen konnte, und denen gegenüber
er sich vollkommen ohnmächtig wusste. Sollte sich also bei einem
lebenden Wesen die Fähigkeit, die Naturkräfte zu berücksichtigen,
entwickeln, so musste dieses Wesen gleichzeitig hoffen können. Die
Hoffnung, d. h. ein Vertrauen auf das Eintreten günstiger Verhältnisse, war wiederum beim Urmenschen nur dann möglich, wenn
er ein vernünftiges Wesen vor sich wusste, auf dessen Wohlwollen
er vertraute. Die Hoffnung, welche die Ausnützung der Naturkräfte
gestattete, konnte sich demnach nur dann entwickeln, wenn der
Mensch gleichzeitig den Naturkräften Persönlichkeit zuzuschreiben
vermochte. — Es lag nun in der That nicht sehr fern, die Naturkräfte mit dem menschlichen Geiste zu vergleichen. Traten sie doch

gleichsam ohne Ursache bald früh bald spät mit ihren verderblichen Wirkungen auf, genau ebenso wie ein Mensch in seiner Willkür.

Die Grundlage der Religion war damit vorhanden; alles Uebrige ergab sich ganz von selbst. Man suchte natürlich die Wesen, denen gegenüber man sich vollkommen ohnmächtig wusste, durch Gaben, durch Opfer günstig zu stimmen etc., kurz man verehrte sie als seine Götter. — Die Fetisch-, Thier- und Pflanzenanbetung ergab sich als weitere Folge sehr einfach. Theils suchte sich der Mensch von den gedachten Personen Bilder zu machen, die seinen Sinnen zugänglich waren, theils verlegte er sie in seltene oder eigenthümliche Thiere, die nur unter bestimmten Umständen aufzutreten pflegten, theils übertrug er seine Verehrung auf Pflanzen, die zu den Naturkräften in bestimmter Beziehung standen u. s. w.

Nachdem einmal der Glaube an unsichtbare Mächte, an Geister durch die Natur gegeben war, lag es nahe, die Unterscheidung von Körper und Geist beim Menschen selbst weiter durchzuführen. — Die nächste Veranlassung bot der Traum. Der Mensch blieb während des Schlafes, wie alle bezeugen konnten, an Ort und Stelle und dennoch glaubte er selbst allerlei Abenteuer erlebt zu haben und an fernen Orten gewesen zu sein. Was lag näher als der Glaube, dass sich der Geist während des Schlafes wirklich vom Körper trenne. Beim Erwachen kehrte der Geist von seinen Wanderungen zurück. War der Tod eingetreten, so fand kein Erwachen statt, folglich kehrte der Geist nicht zurück. Er blieb auf seinen Wanderungen, ging wahrscheinlich zu den andern Geistern, die man nur aus ihrem Handeln kannte, zu den Göttern. Durch derartige naheliegende Schlüsse dürfte wohl der Unsterblichkeitsglaube entstanden sein.[1] Eine nothwendige Folge waren die Feierlichkeiten bei Leichenbegängnissen. War der Abgeschiedene ein besonders hervorragender Mensch

---

[1] Das Auftreten des Unsterblichkeitsglaubens ist sehr schön von Spencer dargestellt worden (Principien der Sociologie, Deutsche Uebers., Stuttgart, 1877). Nur dürfte er nicht, wie Spencer will, neben der Ahnenverehrung das Primäre sein. Die hier gegebene Darstellung, welche mit den älteren Ansichten übereinstimmt, hat entschieden mehr für sich. Ich kann natürlich auf eine Widerlegung der Spencer'schen Gründe nicht eingehen und will nur bemerken, dass alle von ihm angeführten Thatsachen sich ganz ungezwungen auch im entgegengesetzten Sinne deuten lassen. Hervorheben will ich jedoch, dass Spencer die Furcht vor den Göttern nicht zu erklären vermag. Zudem widerspricht seine Ansicht der lex parsimoniae, nach welcher etwas principiell Neues im Geistesleben ohne zwingende Ursache nicht auftreten kann.

gewesen, so musste er als Geist jedenfalls fast den Göttern gleich
sein, wenigstens hatte er einen grossen Einfluss bei den Göttern. Da
er aber demselben Volke angehörte und deshalb ein besonderes Interesse an dem Ergehen seiner Landsleute haben musste, so verehrte
man ihn als einen Gott. So dürfte wohl die Ahnenverehrung entstanden sein. — Schliesslich wurden sogar die Instincte in die
Religion hineingezogen, namentlich diejenigen, welche das Verhältniss
zu den Mitmenschen betreffen. Die Ueberlieferungen des Geselligkeitstriebes wurden einfach als göttliche Satzungen angesehen.

Es ist vielfach behauptet worden, dass die Religion eigentlich
nicht mehr in unsere aufgeklärte Zeit hineinpasse, da man ja wisse,
dass alles Geschehen in der Natur bestimmten Gesetzen unterworfen
sei. Wir lassen vorläufig die Wahrheit der Religion vollkommen
dahingestellt sein und betrachten sie ausschliesslich von der naturwissenschaftlichen Seite, d. h. als Instinct. — Zunächst legen wir
uns die Frage vor, ob sich das Verhältniss des Menschen zur Natur
wesentlich geändert hat. Ich meine, nein. Es ist noch heute genau
dasselbe wie früher, als die Religion zuerst nothwendig wurde. Wenn
wir auch recht weit vorgeschritten sind in dem Vermögen, uns die
Naturkräfte dienstbar zu machen, so sind wir dadurch nur um so
mehr auch von ihnen abhängig geworden und müssen unsere Ohn-
macht ihnen gegenüber nur um so schmerzlicher empfinden. Wie
der Urmensch, so sind wir auch heute noch darauf angewiesen zu
hoffen. Mögen wir unser Vertrauen nun auf den blinden Zufall,
auf die für uns unberechenbaren Naturgesetze oder aber auf eine
höhere Macht, die Alles leitet, setzen; im Grunde genommen ist das
einerlei. Sträuben wir uns dagegen, ein höheres Wesen zu unserm
Gotte zu machen, so nehmen bei uns ganz unbemerkt die Naturgesetze genau dieselbe Stelle ein. So lange uns keine wesentliche
Gefahr droht, können wir wohl über den Instinct der Religion lachen,
da derselbe ja keine Gelegenheit hat, zur Wirkung zu kommen.
Sobald aber eine Gefahr im Anzuge ist, tritt er selbst bei Ungläubigen
in Kraft. Entweder vertraut man auf die Hülfe Gottes, oder wenn
einem dies zu wenig wissenschaftlich erscheint, auf sein gutes Glück,
was im Grunde genommen genau dasselbe ist. Will man nicht den
Muth verlieren und in Verzweiflung gerathen, das Schlimmste was
einem in grosser Gefahr passiren kann, so muss man eben auf irgend
etwas vertrauen. Man überlässt dann sein Geschick getrost der Vor-
sehung und thut mit ruhiger Ueberlegung das, was in seinen Kräften
steht. Die Befolgung des Instinctes ist also auch in diesem Falle

für den Menschen sehr zu empfehlen. Indem der Instinct die Angst, das Leiden herabsetzt, bereitet er wie alle andern Instincte im Grunde genommen Vergnügen.

Die Betrachtung der verschiedenen Instincte hat uns also gezeigt, dass wir überall das, was sich unserm Geiste eingewurzelt hat, möglichst festhalten müssen und uns nicht etwa durch übereilte Schlüsse zu der Ansicht verleiten lassen dürfen, es sei überflüssig oder gar schädlich. Im schlimmsten Falle kann ein Instinct überentwickelt und deshalb für uns nicht mehr vortheilhaft sein. Dann bereitet seine Befolgung aber immerhin noch Vergnügen und da es der Genuss ist, den wir eben erstreben, so befinden wir uns dennoch auf dem rechten Wege, wenn wir dem Triebe folgen.

5. Das Verhältniss der Religion zur Darwinschen Lehre.[1])

Wir haben im vorigen Kapitel die Religion von der naturwissenschaftlichen Seite betrachtet und gefunden, dass sie nicht nur für den Menschen im höchsten Grade vortheilhaft ist, sondern auch kaum aus dem menschlichen Geiste zu eliminiren sein würde, kurz wir haben ihre Nothwendigkeit für den Menschen nachgewiesen. Allein es war doch immerhin nur ein Werth speciell für den Menschen, den wir betrachtet haben. Ueber den objectiven Werth irgend einer Religion ist damit nichts gesagt. Auf die Frage nach dem objectiven Werth sind wir noch nicht eingegangen, weil sie sich der wissenschaftlichen Untersuchung vollkommen entzieht. — Allerdings hat man es versucht, wissenschaftliche Beweise für das Dasein Gottes zu liefern; allein alle haben sich bei genauer Prüfung als unzulänglich erwiesen. Die Religion ist etwas, was über

---

[1]) Die Frage, wie sich die Religion mit dem Darwinismus vereinigen lasse, ist schon in mehreren Schriften besprochen. Mir näher bekannt sind:

Strauss, Der alte und der neue Glaube.

Jäger, Die Darwinsche Theorie und ihre Stellung zur Moral und Religion.

Elfeld, Die Religion und der Darwinismus.

Kuhl, Die Descendenztheorie und der neue Glaube.

Ich muss aber Schmid (Darwins Hypothese und ihr Verhältniss zur Religion und Moral) vollkommen Recht geben, wenn er Jäger vorhält, dass das, was er Religion genannt hat, eigentlich keine Religion sei, zum wenigsten keine christliche Religion. Dasselbe gilt auch für die andern Versuche. Selbst Kuhl, welcher der gemässigsten Richtung angehört, will der Religion eins ihrer nothwendigsten Postulate, das Wunder, nehmen.

die Wissenschaft hinausgeht und wird es stets bleiben. Wir sind
hier an dem Punkte angelangt, an dem man stets mit Göthe wird
sprechen müssen:

„Da steh' ich nun, ich armer Thor!
Und bin so klug, als wie zuvor.“

Die christliche Religion giebt auch vollkommen zu, dass Beweise
unmöglich sind, sie verlangt ein Glauben und nicht ein Wissen.
— Allein wie es einerseits sicher ist, dass die Wissenschaft niemals
die Wahrheit der Religion wird nachweisen können, so steht es
andererseits ebenso fest, dass sie niemals die Lehre der Religion
widerlegen kann. Wir wollen hier kurz die hauptsächlichsten Ein-
würfe, die man gegen die Wahrheit der Religion hat geltend machen
wollen, betrachten. Zur Grundlage unserer Ueberlegungen wählen
wir die christliche Religion, da sie von den jetzt existirenden Religionsformen ohne Zweifel die höchste ist.

Es ist behauptet worden, dass die Religion die klägliche Rolle
spiele, immer die Lücke ausfüllen zu müssen, wenn die Wissenschaft
an einem Punkte noch nicht weit genug vorgedrungen ist. Zur Be-
gründung dieser Behauptung glaubte man nachweisen zu können,
dass die Religion immer mehr von der Wissenschaft eingeschränkt,
auf ein immer kleineres Gebiet zurückgedrängt sei. — Wir müssen
einwenden, dass diese Ansicht auf einem vollkommenen Verkennen
der Thatsachen beruhe. Die Menschen tragen stets, auch heute noch,
Fremdes in die Religion hinein. Dieses Fremde fällt in das Gebiet
der Wissenschaft und muss deshalb allerdings durch die Wissenschaft
modificirt werden. Die reine Religion umfasst noch heute genau
dasselbe Gebiet wie früher und wird dieses Gebiet stets behaupten.
— Die Gegner meinen, dass in der heiligen Schrift nicht wissenschaftlich Falsches hätte niedergeschrieben werden dürfen, Fehler,
welche auf der falschen Auffassung der damaligen Menschheit beruhen. — Ob jene Gegner wohl bedenken, dass sie einem Gotte
geradezu Widersinniges zumuthen? Sollte er etwa den Menschen
zunächst naturwissenschaftliche Vorträge halten, ihnen den Ursprung
und die Gesetze unseres Planetensystems auseinandersetzen, sie das
Mikroskop kennen lehren, ihnen die chemischen Eigenschaften der
Elemente und ihrer Verbindungen klar machen, ihnen das Protoplasma zeigen, die Wirkungen des Kampfes ums Dasein auseinandersetzen u. s. w. und dann ihnen sagen, so habe ich die Welt erschaffen? Hätten die damaligen Menschen das alles auch nur
verstehen können, wenn es ihnen gesagt worden wäre? Ich glaube,

Jeder muss zugeben, dass ein solches Vorgehen durchaus thöricht gewesen wäre. Hatte Gott es einmal als das Passendste erkannt, eine Materie zu schaffen, die sich unter der Wirkung bestimmter Naturgesetze zu einer Welt entwickelte, so konnte er jetzt nicht plötzlich etwas wollen, was mit dem Bisherigen in Widerspruch stand. Wie wir Kindern alles, was ihnen noch nicht verständlich ist, in einer einfachen Weise bildlich erklären, ohne uns dadurch einer Lüge oder eines Unrechtes schuldig zu machen, ebenso war für die Menschen jener Zeit eine bildliche Sprache nicht nur erlaubt, sondern geboten. Konnte denn Gott in einer schönern Weise sein Ziel, den Menschen mit seinem Wesen und seinem Willen bekannt zu machen, erreichen, als dadurch, dass er die Religion nach schon bestehenden Gesetzen im menschlichen Geiste sich entwickeln liess und die Menschen nur von Zeit zu Zeit einmal auf den richtigen Weg zurückführte, indem er ihnen immer nur soviel von der Wahrheit mittheilte, als es ihrer Fassungskraft entsprach? Wenn wir alle Umstände genau erwägen, so kommen wir zu dem Resultat, dass die Bibel als Gottes Wort genau so sein musste, wie sie ist, sie durfte in der fraglichen Beziehung nicht mehr und nicht weniger enthalten. Wir können sie demnach voll und ganz anerkennen und dennoch den wissenschaftlichen Standpunkt unserer Zeit vertreten.

Auch gegen den Wunderglauben hat man sich gewendet und behauptet, in unserer Zeit, wo alles Geschehen auf seine Ursachen zurückgeführt werde, wo es für den Forscher nothwendige Forderung sei, in jedem Falle zu versuchen die Ursachen aufzudecken, könne man unmöglich noch an Wunder glauben. Und wir müssen den daraus gezogenen Schluss, dass es ohne Wunderglauben kein Beten, kein Gottvertrauen, überhaupt keine Religion mehr gebe, vollkommen billigen. — Was nun diese Einwendung anbetrifft, so geben wir gewiss zu, dass der Forscher als solcher kein Wunder anerkennen darf. Er darf sich niemals, wenn er irgendwo nicht gleich Ursachen findet, damit beruhigen, es sei wohl ein Wunder geschehen. Er muss in der That dahin streben, die Wunder vollkommen zu eliminiren. Der Forscher hat ein volles Recht dazu, so zu denken, da ja sicher weitaus das meiste Geschehen seine natürlichen Ursachen hat. Allein es wäre ein äusserst waglicher Schluss, wenn wir aus der allgemeinen Gültigkeit der Naturgesetze folgern wollten, dass es überhaupt keine Wunder geben könne. Welcher Forscher kann mir denn nachweisen, dass die Welt nicht von einem allmächtigen Gotte erschaffen ist? Und wenn sie erschaffen ist, so kann doch der Schöpfer nach Belieben in den regelmässigen Verlauf seines Werkes eingreifen. Sicher k a n n er dann Wunder thun, vorausgesetzt auch, dass er sich im Allgemeinen an die von ihm weise aufgestellten Gesetze bindet.

Es sind aber nicht nur Wunder möglich; wir können sogar nicht einmal wissen, ob nicht tagtäglich Wunder in unserer Umgebung geschehen: Wenn wir irgend einen Vorgang sehen, so suchen wir ihn, und zwar mit Recht, auf seine Ursachen zurückzuführen. Wir suchen eine Erklärung und finden sie auch. Oft treffen wir das Rechte; oft sehen wir dagegen später ein, dass wir uns getäuscht hatten, dass die Ursachen andere waren als die, welche wir zuerst voraussetzten. Wie vieles k a n n also nicht vor sich gehen, das wir auf Ursachen zurückführen, ohne dass es wirklich Ursachen hat? Ja, es kommt sogar oft vor, dass wir in einem Falle bei genauester Untersuchung die Ursachen nicht erkennen. Wir nehmen dann an, und haben auch zunächst ein Recht dazu, dass es an unserer mangelhaften Kenntniss der Naturgesetze liege. Aber wer bürgt uns dafür, dass es nicht in der That ein Wunder gewesen ist? Ich glaube, das Gesagte wird genügen, um darzuthun, dass die Behauptung, es gebe kein Wunder und könne kein Wunder geben, eine ebenso gewagte Hypothese ist als die, es passiren täglich Hunderte von Wundern in unserer Umgebung.

Eine Beschränkung der Religion durch die Wissenschaft könnte man vielleicht auch darin suchen, dass die Wissenschaft keinen freien Willen zugeben kann. — Dass wir speciell nach der Darwinschen Lehre dem Menschen in der That keinen freien Willen zusprechen dürfen, liegt auf der Hand. Er handelt in einem jeden Falle so, wie es einerseits durch die äusseren Umstände und andererseits durch seine Instincte und seine Erziehung, kurz durch seinen Charakter n o t h w e n d i g gegeben ist. Im Grunde genommen kann der Mensch aber weder für die äusseren Umstände noch für seine Instincte, noch für seine Erziehung verantwortlich gemacht werden. Alles unterliegt bestimmten Naturgesetzen. Man befindet sich also thatsächlich der Religion gegenüber in einer schwierigen Lage. Allein auf genau dieselben scheinbaren Schwierigkeiten stösst offenbar die frühere Anschauung. Man fragt sich unwillkürlich, wie dem allmächtigen Schöpfer gegenüber ein freier Wille des Menschen denkbar ist. Die Antwort, die man darauf zu geben pflegte, war: Der allmächtige Gott vermochte in seiner Allmacht dem Menschen einen f r e i e n W i l l e n zu geben. Zunächst erscheint das ganz plausibel, es ist aber doch widersinnig. Wenn Gott den Menschen erschuf, ihm seinen Charakter und seine Erziehung gab und zugleich die äusseren Verhältnisse in seiner Gewalt hat, so bleibt eben für den Menschen nichts von dem übrig, was wir eigentlich freien Willen nennen. Gott gab dem Menschen in seiner Allmacht seinen freien Willen, das kann doch nur heissen, er schuf ihn so, dass er ihn vollkommen sich selbst überlassen konnte, so dass der Mensch überall nach den ihm mitgegebenen Geisteskräften selbständig handeln konnte. Es bleibt dann eben nur das Bewusstsein eines freien Handelns übrig, d. h. der Mensch betrachtet seinen Charakter als etwas, was von ihm selbst ausgeht. — Dieses Bewusstsein eines freien Willens stellt übrigens auch die Wissenschaft keineswegs in Abrede. Es musste sich sogar im Thierreich gleichzeitig mit den Verstandeshandlungen entwickeln. Ohne dasselbe wäre z. B. eine Erziehung vollkommen unmöglich gewesen. Was also die Frage nach der Freiheit des Willens anbetrifft, so stehen Religion und Wissenschaft auf genau demselben Standpunkte. Die Schwierigkeit, die daraus in Bezug auf die Verantwortlichkeit erwächst, lässt sich nach der Darwinschen Lehre sehr einfach erledigen. Der Staat hat das Recht, schlecht erzogene Menschen durch Strafen nachträglich zu erziehen. Zeigt sich schliesslich, dass ein Mensch nicht mehr für das gesellschaftliche Leben zu erziehen ist, ist er also nach der Darwinschen Theorie eine Abänderung nach der schlechten Seite hin, die nicht erhaltungsmässig ist, so muss er zu Grunde gehen. Der Staat hat dann das Recht, ihn zu tödten. Was früher durch die Lynchjustiz geschah, das geschieht jetzt durch das Gericht, beides nach feststehenden Naturgesetzen.

Auch die Erlösung scheint mit der Wissenschaft im Widerspruch zu stehen. Denn gerade deshalb, so wird uns gelehrt, weil der Mensch sündenrein erschaffen war, konnte er durch den Mensch · werdenden Sohn Gottes erlöst werden. — Für die Erlösung gilt genau dasselbe, was wir schon über den freien Willen gesagt haben. Es ist ein Punkt, der uns auch nach der bisherigen Anschauung vollkommen unerklärlich war. Durch die Darwinsche Lehre wird er um nichts verständlicher noch auch räthselhafter. Warum Gottes Sohn den leiblichen Tod sterben musste, um für die Menschen den ewigen Tod zu überwinden, das ist und bleibt für uns unbegreiflich, mögen wir nun durchweg der früheren Ansicht folgen oder der Darwinschen Lehre. Es soll natürlich damit nichts über den Werth dieses Dogmas gesagt sein. Wir bestätigen vielmehr nur den Ausspruch der Religionslehrer, dass es für uns ein Geheimniss ist.

Zum Schluss mögen hier noch einige Betrachtungen über den Pessimismus folgen, welche sich vom Standpunkte der Darwinschen Lehre ergeben. Hätten die Pessimisten Recht: wäre die Welt, als Welt der Leiden die schlechteste Welt, oder müssten wir auch nur den Satz anerkennen, dass es besser wäre, es existire gar keine Welt als eine so schlechte, so könnten wir unmöglich noch einen allweisen Schöpfer anerkennen. Allein der Pessimismus ist offenbar aus den grössten Fehlschlüssen aufgebaut.

Es ist behauptet worden, dass es ausser dem Wohlgeschmack und dem Wollustgefühl überhaupt keinen wirklichen Genuss gebe. Jeder wird indessen aus seiner eigenen Erfahrung wissen, dass er manchen andern Genuss einem guten Essen bei weitem vorzieht. Er wird zugeben, dass das Befolgen aller oben aufgeführten Instincte mit grösserem oder geringerem Genuss verbunden ist. Die Pessimisten übertragen ausserdem ihren eigenen Geschmack auf alle Menschen und glauben, dass n u r das, was i h n e n Vergnügen macht, Andern Genuss bereiten könne. In diesem Falle würde allerdings Mancher sehr arg zu kurz kommen. — Hartmann kommt zu dem eigenthümlichen Resultat, dass die Beschäftigung mit den Wissenschaften und der Kunstgenuss ausser den obengenannten die einzigen wirklichen Genüsse seien, weil er selbst sich eben für sie interessirt. Er müsste bedenken, dass einem Bauer das Pflügen ebenso grosses Vergnügen bereitet, wie ihm die Wissenschaft.

Dass es sehr viele Genüsse giebt, und dass Jeder in seiner Stellung gleich viele Genüsse haben k a n n, steht entschieden fest. Allein wenn wir alle Freuden in der Welt und alle Leiden mit einander vergleichen, so kommen wir in der That zu dem Resultat, dass die Summe aller Leiden eine verhältnissmässig recht grosse ist. Wir müssen zugeben, dass sehr viele Menschen nicht so viel verdienen, um sich und ihre Familie ernähren zu können, und dass ein Theil von ihnen sogar durch Mangel zu Grunde geht. Diese Erscheinung könnte man in der That als einen mangelhaften Punkt in der Weltordnung deuten. Warum bringt die Erde mehr Wesen hervor, als sie zu ernähren vermag?

Die Lösung dieses Räthsels haben wir indessen schon gefunden. Erkannten wir doch, dass die H ö h e der jetzigen Organismenwelt allein auf den Kampf ums Dasein und die natürliche Zuchtwahl zurückzuführen ist. — Den grössten Genuss haben entschieden die Sieger in diesem Kampfe, sie haben Gelegenheit, allen ihren Instincten nachzugehen und von jedem Vergnügen zu ernten. Allein auch die Andern gehen keineswegs leer aus.

Durch den Kampf ums Dasein bildeten sich alle Vortheile aus, folglich auch die Ausdauer. Eine Kraft von grosser Ausdauer durfte eben nicht im Kampfe mit einer grossen Energie von sehr geringer Dauer zu Grunde gehen. Hätte die erstere bei ihren Misserfolgen gar keine Genüsse, so würde sie offenbar sofort verzweifeln und den Kampf mit den überlegenen Gegnern garnicht aufnehmen, d. h. der Vortheil, der in der Ausdauer beruht, würde nicht zur Geltung kommen. Aus diesem Grunde war es nöthig, dass in Gestalt der Hoffnung auf bessere Verhältnisse beim Menschen ein Genuss sich immer mehr ausbildete. Diese Hoffnung ging sogar soweit, die günstigere Lage ins Jenseits zu verlegen. Die Hoffnung auf die künftige Seligkeit ist für den Menschen ein unschätzbares Gut; sie ist mit vollem Rechte ein Genuss zu nennen, da sie alle Leiden auf ein mögliches Minimum herabdrückt. — Wie aber, wenn wir nachweisen können, dass diese Hoffnung nichtig ist? In der That, wenn es der Wissenschaft gelungen wäre, einen solchen Nachweis zu führen, dann wäre der Mensch eines seiner grössten Güter beraubt. Allein die Wissenschaft steht hier an einer unüberschreitbaren Grenze. Der Glaube an die Seligkeit ist durch kein Resultat der Wissenschaft irgendwie erschüttert. Dass der Geist des Menschen nicht vergänglich ist, darf man als gewiss bezeichnen; denn die Wissenschaft lehrt gerade, dass nichts vollkommen vergehen kann: Die Atome erleiden wohl Umsetzungen, aber sie vergehen nicht. Es fragt sich jedoch, ob der menschliche Geist nach dem Untergange des Körpers als Individuum fortexistirt. — Die geistige Individualität des lebenden Menschen ist nicht zu bestreiten. Von einem Auflösen des Geistes in Atome oder einer Umsetzung, die bei den chemischen Verbindungen eintritt, kann nicht die Rede sein, weil sich der Geist mit der Materie nicht vergleichen lässt. Es ist also ebensowohl ein Fortexistiren der Individualität in irgend einem Sinne möglich, als das Gegentheil. In dieser Beziehung wissen wir eben nichts über die Eigenschaften des Geistes. Wir kennen den Geist nur so, wie er im lebenden Wesen, in seiner Wirkung auf den Körper sich uns darstellt; wissenschaftliche Schlüsse, die über die Existenz des Körpers hinausgehen, können wir deshalb niemals machen.

Bevor wir nun das Endresultat unserer Betrachtungen in Bezug auf den Genuss geben, wollen wir in aller Kürze noch hervorheben, in welchem Verhältniss Lust- und Unlustgefühle zu einander stehen.

Jeder weiss, dass ein Vorgang, der zu Anfang von Unlustgefühlen begleitet war, mit der Zeit oder durch bestimmte Umstände Lustgefühle erzeugen kann. Ein geringes Unlustgefühl erscheint uns namentlich dann, wenn wir es mit einem weit stärkeren Unlustgefühl zu vergleichen gezwungen sind, oft als ein wirkliches Lustgefühl. Diese Erscheinung deutet darauf hin, dass Lust- und Unlustgefühl nur ein Mehr und Weniger desselben psychischen Vorganges sind genau ebenso, wie auch Wärme und Kälte ein Mehr und Weniger der Bewegung sind. Allein auch dann, wenn man von der Richtigkeit dieser Annahme absieht, muss man zugeben, dass Lustgefühle überhaupt nur denkbar sind, wenn es gleichzeitig Unlustgefühle giebt. Wissen wir doch aus Erfahrung, dass uns manches erst dann als Lustgefühl zum Bewusstsein kommt, wenn wir es haben entbehren lernen. Wie sollte man denn auch wissen können, dass etwas gut ist, wenn man nichts Schlechteres kennt? — Sollte also eine Welt existiren, in welcher es Genüsse gab, so konnte selbst ein allmächtiger und allweiser Schöpfer nicht umhin, gleichzeitig Leiden zu schaffen. Ist doch das Eine nur dann möglich, wenn es das Andere giebt.

Nach unsern bisherigen Betrachtungen können wir mit Recht die Behauptung aufstellen, dass sogar die allergrösste Zahl derjenigen, welche für den Untergang bestimmt sind, Alles in Allem genommen, ein Uebermass von Freuden haben. Es erhellt das zur Genüge aus der verhältnissmässig geringen Zahl von Selbstmorden, zumal wenn wir bedenken, dass die allermeisten Selbstmorde in der Uebereilung geschehen. Um wie viel mehr müssen also die Freuden bei denjenigen überwiegen, die das eigentliche Ziel der Schöpfung sind, die für die Fortentwicklung des Menschengeschlechtes bestimmt sind. — Fällen wir demnach ein unparteiisches Urtheil, so müssen wir selbst dann, wenn wir zu der Gruppe von Individuen gehören, die im Kampfe ums Dasein, in der Concurrenz mit Tüchtigeren zu Grunde gehen, zugeben: Wir gehen zu Grunde, aber nicht umsonst, nicht zwecklos, sondern für das Wohl des Ganzen.

Berichtigungen:

Seite 16 Zeile 13 lies statt die ältesten Fische — die ältesten, uns erhaltenen Fische.

  -   19   -   7   -   -   Marienblümches — Marienblümchens.

  -   56   -   16   -   -   so ist es — so ist er.
